Steve Zikman
Weit weg und glücklich

Steve Zikman

Weit weg und glücklich

Von der Magie des Reisens

Aus dem Amerikanischen
von Eva Dempewolf

Kabel

Die amerikanische Originalausgabe erschien 1999
unter dem Titel »The Power of Travel. A Passport to
Adventure, Discovery, and Growth«
bei Jeremy P. Tarcher / Putnam / Penguin Putnam Inc.
in New York.

Für meine Großeltern,
die eine gewaltige Reise antraten,
als sie vor 75 Jahren nach Kanada auswanderten

ISBN 3-8225-0566-8
© Steve Zikman 1999
Copyright der deutschsprachigen Ausgabe:
© Piper Verlag GmbH, München 2002
Gesetzt aus der Bembo
Gesamtherstellung: Clausen & Bosse, Leck
Printed in Germany

www.kabel-verlag.de

Der Weg

Zu neuen Ufern
Endlich ...

Gelassenheit finden
Eine Auszeit nehmen
Reisen ist Begeisterung

Einführung

Die Zeit ist so kurz. Es gibt so viel zu tun und
so wenig Zeit.

MUTTER TERESA
(Flughafen-Lounge, Bombay Airport, 1988)

Auf der Heimreise von dem kleinen Himalaja-König-
reich Bhutan sprach ich mit Mutter Teresa. Und zwar
nicht nur einmal, sondern zweimal.

Eine Freundin und ich waren morgens von Paro nach
Kalkutta geflogen. Vor uns lag ein Tag in der bevölke-
rungsreichsten Stadt Indiens, dann würde Laurie nach
Bangkok weiterreisen und ich über Neu-Delhi, Bombay und London nach Kanada zurückkehren.

Beim Mittagessen kamen wir auf die Idee, das von
Mutter Teresa gegründete Waisenhaus zu besuchen, und
ein paar Stunden später trieb uns der Anblick von 40
oder 50 Buben und Mädchen, die in einem kleinen In-
nenhof spielten, fast Tränen in die Augen. Die Hälfte
der Kinder rannte vollkommen nackt herum, die anderen trugen blauweiß gestreifte Kittel. Wir wandten uns
gerade zum Gehen, als eine Nonne erwähnte, Mutter
Teresa halte sich nur ein paar Straßen entfernt im Mut-
terhaus auf.

Innerhalb weniger Minuten standen wir vor einer einfachen Holztür mit einem großen Kreuz darauf. Auf einem kleinen Schild links vom Eingang waren in weißen Buchstaben die Worte »Mother Teresa« zu lesen. Auf die Frage einer Nonne, wen wir zu sehen wünschten, antworteten wir unisono »Mutter Teresa«. Sie ließ uns eintreten und kehrte kurz darauf mit den Worten zurück: »Die Mutter wird Sie empfangen.«

Nervös warteten wir auf einer schlichten Holzbank und überlegten, was wir dieser großartigen Frau sagen sollten. Plötzlich tauchten hinter einer zweiflügeligen Schwingtür ein weiß-blauer Sari und ein paar alte Füße in offenen Sandalen auf. Ehrfürchtig schauten wir zu, wie Mutter Teresa sich flink auf uns zu bewegte. Sie setzte sich neben Laurie, ergriff ihre Hand und begann ohne Umschweife zu sprechen.

Sie erkundigte sich, wo wir herkamen, und wollte wissen, ob wir freiwillige Helfer wären. Sie erzählte von einer Reise, die sie vor kurzem nach Montreal geführt hatte, und sagte, sie sei in Eile, weil sie bereits am folgenden Tag erneut wegfahren müsse. Mit diesen Worten stand sie auf und verschwand kurz hinter einer Trennwand, um gleich darauf mit zwei Karten zurückzukommen, auf denen ihr Bild und ein kurzes Gebet abgedruckt waren. Sie schrieb auf beide »Gott beschütze Euch. Teresa M. C.« und verließ uns. Obwohl weder Laurie noch ich gläubig sind, blieben wir noch eine ganze Weile wie angewurzelt sitzen.

Aber die Geschichte geht noch weiter. Ein merkwürdiger Zufall wollte es nämlich, daß ich Mutter Teresa noch einmal begegnete, kaum 36 Stunden später, um drei Uhr morgens in der First-Class-Lounge des Flug-

hafens von Bombay, wo ich auf meinen verspäteten An-
schlußflug wartete.

Sie saß auf einer Couch und sprach ein leises Gebet.
Alle anderen Fluggäste waren eingeschlafen. Schließlich
faßte ich mir ein Herz, ging auf sie zu und sprach sie mit
der Bemerkung an, daß wir uns ja erst gestern in Kalkutta unterhalten hätten. Sie hob ihr zerfurchtes Gesicht, schaute mir in die Augen und witzelte: »Gottes
Wege sind unergründlich.« Dann lud sie mich ein, neben ihr Platz zu nehmen.

Nahezu eine Stunde lang unterhielten wir uns über
Umfang und Dringlichkeit ihrer Arbeit, bevor sie sich
entschuldigte und wieder zu beten begann. Ich zog
mich auf eine andere Sitzbank zurück und beobachtete
sie still, bis meine Maschine aufgerufen wurde. Als ich
aufstand, tat sie es mir gleich. Mutter Teresa und ich waren auf denselben Flug gebucht.

An einem ruhigen Sonntag vormittag in Kapstadt lernte
ich Nelson Mandela kennen.

Ich hatte Desmond Tutus letztem Gottesdienst als
Erzbischof beigewohnt und war auf dem Weg zurück zu
meinem Wagen, als mir in einer schmalen Seitenstraße
eine Menschentraube auffiel. Es waren Fotografen, die
sich vor einem kleinen Kolonialbau versammelt hatten.
Plötzlich eilten alle bis auf einen davon. Ich ging zu ihm
hin, und er erzählte mir, seiner Meinung nach halte sich
Nelson Mandela noch in dem Gebäude auf und werde
bald herauskommen. Also wartete ich.

Wir hatten etwa eine halbe Stunde herumgestanden,
als die Tür aufging und die hochgewachsene, imposante
Gestalt des »Madiba« erschien. Er war in Begleitung

des charismatischen Zuluhäuptlings King Goodwill. Freundlich lächelnd grüßte Mandela einen überraschten Passanten und kam dann geradewegs auf mich zu, schüttelte mir die Hand und fragte mich, ob ich King Goodwill schon kennengelernt hätte. Hatte ich natürlich nicht. So gaben auch wir uns die Hand. King Goodwill meinte, er freue sich, mich kennenzulernen. Ich bestand darauf, daß die Ehre und das Vergnügen ganz meinerseits seien.

Mandela, King Goodwill und ich unterhielten uns ein paar Minuten lang, bevor der Fotograf eine Aufnahme machte, die uns bei der Verabschiedung zeigt. Die Kamera machte klick und hielt fest, wie ich dastehe, händeschüttelnd mit diesem wahrhaft großen Freiheitskämpfer, und versuche, die Bedeutung dieses überwältigenden Augenblicks zu fassen.

Reiselust hat dazu geführt, daß sich mein Lebensweg mit dem dieser beiden außergewöhnlichen Menschen kreuzte. Reisen hat mir zahllose Gelegenheiten beschert, Abenteuerliches zu erleben, Neues zu entdecken und zu wachsen. Im Laufe der letzten 15 Jahre habe ich in 52 Ländern und sechs Kontinenten das Leben studiert und Erfahrungen gesammelt.

Reisen heißt für mich zu beobachten, wie die Flut den Mont St. Michel umströmt. Eine Einladung zum Essen im Haus von Leuten, die man erst wenige Stunden zuvor kennengelernt hat. Ein Besuch in jenem osteuropäischen Dorf, in dem meine Großmutter das Licht der Welt erblickte. Wildwasserrafting auf dem Sambesi.

Reisen heißt für mich, an einem Vormittag einer improvisierten Jazz-Session in einem Pariser Club beizu-

wohnen. Während der Lammzeit auf einer neuseelän-
dischen Schaffarm zu arbeiten. In Peking Geschäfte
nach einem chinesischen Operngewand zu durchfor-
sten. An einem Sonntag nachmittag gemächlich über
Land zu fahren.

Reisen heißt für mich Bar-Hopping mit polnischen
Freunden in Krakau. Im Morgennebel von Zaire auf die
Suche nach Berggorillas zu gehen, nachmittags 30 Kilo-
meter weit zu einem wieder aktiven Vulkan zu wan-
dern und am Abend desselben Tages in einem Missions-
gebäude einzuschlafen.

Reisen heißt für mich, als Tramper am Rande der
Kalahari von zehn Italienern mitgenommen und später
in ihrem Jeep zu Pasta, italienischem Brot und Wein
eingeladen zu werden. Das Grab von Elvis Presley in
Graceland zu besuchen. Das neue Jahr in einer Disco im
ecuadorianischen Dschungel einzuläuten. Am Pool
einer Nobelherberge zu relaxen.

Zeit zum Reisen habe ich mir immer genommen. Sei
es für ein verlängertes Wochenende, ein, zwei Wochen
Urlaub oder zwei bis drei Monate Asien während der
Semesterferien. Ja, ich habe sogar einer lukrativen An-
waltskanzlei in Kanada den Rücken gekehrt, um in drei
wundervollen Jahren den Erdball zu umrunden.

Schon kurz nachdem ein Memo sie von meinem
Entschluß in Kenntnis gesetzt hatte, schauten die Kollegen der Reihe nach in meinem Büro vorbei, zogen
die Tür hinter sich zu und rückten einen meiner Besu-
cherstühle heran. Ganz offensichtlich beeindruckt von
meinem Mut, vertrauten sie mir dann, einer wie der andere, ihre heimlichen Pläne und ihre eigenen Reiseträume an.

Manche waren schon viel und weit gereist und konnten es kaum erwarten, wieder auf Tour zu gehen. Andere waren praktisch nie von zu Hause fortgekommen, litten aber nichtsdestoweniger unter massivem Fernweh. Wieder andere erzählten, sie wollten eigentlich nur mal kurz alles hinter sich lassen – ein bißchen Erholung, eine kurze Auszeit, ein paar Tage nur, höchstens eine Woche. Unweigerlich begann ich mich zu fragen, warum so viele Menschen ihre unbändige Reiselust unentwegt unterdrücken.

Von Kindesbeinen an verlocken und ziehen uns faszinierende Bücher und Berichte, Märchen und Erzählungen von fernen Ländern und fremden Völkern in ihren Bann. Der angeborene Drang, Neues zu erkunden, den eigenen Horizont zu erweitern, andere Menschen kennenzulernen, eine wohlverdiente Auszeit zu nehmen, ist nur natürlich und sehr ausgeprägt. Der Reisetrieb ist stark, stärker denn je.

Technologie hat unsere Welt kleiner gemacht, zugänglicher. Heute ist es möglich, binnen 24 Stunden praktisch jeden Ort auf der Erdkugel zu erreichen. Reisen ist billiger, schneller, einfacher geworden. Und dem Reisenden stehen mehr Länder offen als jemals zuvor.

Natürlich weckt das Wort Reisen vollkommen verschiedene Assoziationen. Versteht der eine darunter eine Karibikkreuzfahrt, sehen andere eine Woche Strandurlaub vor sich, einen Monat Kenia pauschal, Safari inklusive, sechs Wochen Trekking in Nepal oder ein Jahr als Rucksacktourist um die Welt. Manchmal ist Reisen nichts anderes als ein paar Tage in einer anderen Stadt, räumlich nah und doch weit weg von der Alltagsroutine.

Man kann extrem billig reisen, aber auch für tausend Dollar am Tag. In einer Lehmhütte nächtigen oder in einem Fünf-Sterne-Luxushotel logieren. Sich alleine auf die Socken machen oder einer von A bis Z durch-organisierten Gruppenreise anschließen. Stil, Zielort und Länge der Reise sind nebensächlich – worum es geht, ist vielmehr, das volle Spektrum der Möglichkei-ten zu erkennen.

Meine zahlreichen Streifzüge haben mir gezeigt, wie ungeheuer Reisen das Leben bereichern, den Charakter prägen kann. Ich habe es selbst erlebt und bei anderen Weltenbummlern beobachtet. Ich habe Wesen und Ausmaß der unglaublichen positiven Kraft gesehen, die Reisen vermittelt, die Heilkräfte und die Magie, über die es verfügt.

Doch Reisen wirkt keineswegs nur erquickend und belebend; es vermag auch die Persönlichkeit zu fördern und den Charakter zu stärken, indem es uns auf eine Reise nach innen schickt und so den Weg zu Selbster-kenntnis und Erleuchtung weist.

Reisen ist Spaß und Vergnügen, Leidenschaft und Abenteuer, zugleich aber auch ein unnachahmlicher Lehrmeister, der uns, ganz einfach indem er uns die Realität vor Augen führt, auf die schier grenzenlosen Entfaltungsmöglichkeiten aufmerksam macht, die je-dem Menschen offenstehen. Reisen bietet uns die Ge-legenheit, nach außen wie nach innen zu schauen, den Verstand zu schulen und unseren Bildungshorizont zu erweitern, aber auch seelische Reife zu erlangen.

Dieses Buch soll allen Reisenden, Weltenbummlern und solchen, die es werden wollen, Denkanstöße geben, sie inspirieren und motivieren. Es ist eine Sammlung persönlicher Impressionen und Reflexionen, Gedanken und Ideenketten – subjektiver Erkenntnisse, die die volle Bandbreite an Erfahrungen aufzeigen sollen, die Reisen zu vermitteln vermag.

Ob Sie eine größere Reise vorhaben oder nur eine Spritztour, bereits unterwegs sind oder noch rastlos und ungeduldig auf den nächsten Urlaub warten – dieses Buch wird Sie Ihrem Ziel hoffentlich ein Stück näher bringen. Lesen Sie es in einem Zug durch. Oder blättern Sie einfach darin herum und schmökern nach Lust und Laune. Lassen Sie Ihre Gedanken auf Wanderschaft gehen, ihre eigene Reise antreten.

Reisen ist ein kostbares Geschenk. Und ob die Fahrt in ferne Kontinente führt oder in die nächste Ortschaft, spielt bestenfalls eine untergeordnete Rolle.

Da weltweit immer mehr Menschen verreisen, steigt auch die Belastung für unsere Umwelt, ökologisch ebenso wie kulturell. Wir schulden unserer Erde Achtung, ihren Bewohnern, Mensch oder Tier, und den mannigfaltigen Landschaften. Wir schulden der Natur Respekt, den großen und den kleinen kulturellen Unterschieden. Das schulden wir uns selbst, uns und unseren Mitmenschen und auch allen nachfolgenden Generationen.

Ob wir ans andere Ende der Welt reisen oder nur ins nächste Dorf, ob wir lediglich einige wenige Tage bleiben oder ein volles Jahr – das Abenteuer wartet, und mit ihm die Abenteuer des Geistes. Nehmen Sie sich die Zeit. Schaffen Sie sich den nötigen Freiraum. Reisen Sie! Leben Sie!

IMPULSE

Die Magie der Bewegung

Ein kleiner Schritt für einen Menschen, aber ein
gewaltiger Schritt für die Menschheit.

NEIL ARMSTRONG

Vom Augenblick der Zeugung an sind wir immerzu
in Bewegung, immerzu auf Reisen. Die Reise der
Empfängnis. Die Reise der Geburt. Wir erblicken das
Licht der Welt und bleiben in Bewegung. Selbst wenn
wir uns nicht von der Stelle rühren, bewegen wir uns.

Bewegung ist Ausdruck des Lebens, ein angeborener
Instinkt. Wir müssen uns rühren, uns bewegen, fortbe-
wegen, um die Welt zu erforschen, unseren Tatendrang
und unsere Neugier zu befriedigen. Fernweh und Reiselust sind feste Bestandteile des menschlichen Daseins.
Wir dürfen sie nicht ignorieren.

Vielmehr müssen wir das Bedürfnis nach Bewegung
respektieren, uns dessen bewußt sein, daß wir Tapeten-
wechsel brauchen, daß wir neue Menschen und Orte
kennenlernen müssen, wenn wir uns selbst finden wollen. Wir spüren den Bewegungsdrang. Wir genießen
die Magie der Bewegung – jenen wunderbaren Schub,
der uns vorwärts trägt, weiter und immer weiter.

Leben ist Bewegung

Jeder Mensch trägt ein großartiges Geheimnis in sich,
das nur darauf wartet, entdeckt zu werden.

JEAN HOUSTON

Die Geschichte der Menschheit ist eine Geschichte
der Fortbewegung, eine Geschichte des Reisens:
Moses, Buddha, Mohammed, Jesus, Marco Polo, Chri-
stoph Kolumbus, Laotse; Amelia Earhart, Jack Kerouac,
Lawrence von Arabien – sie alle waren Reisende. Unser
kollektives Gedächtnis umfaßt unzählige große Reisen.

Voller Hoffnung, Vertrauen und Zuversicht folgten
sie ihrem Glauben, ihrer inneren Stimme. Sie bewegten
sich hin zu ihren Überzeugungen und begründeten die
Geschichte des Reisens, die Geschichte der Menschheit,
unsere ureigene Geschichte. Und wir, wir befinden uns
auf dem Weg hin zu unserem Platz in der Geschichte.

Wir denken an all jene, die diesen Weg vor uns be-
schritten haben. Und mit der Zeit fangen wir an, die
Geschichte unserer Reisen zu verstehen, den Sinn der
Bewegung, der Fortbewegung zu begreifen. Wir erkennen die Rolle, die wir im Lauf der Welten spielen.

Reisen im Geiste

Die Welt der Realität hat feste Grenzen; die Welt der Phantasie ist grenzenlos.

JEAN-JACQUES ROUSSEAU

Von Kindesbeinen an träumen wir davon, ferne Länder zu bereisen. Der Gedanke an geheimnisvolle, verlockende Orte fesselt uns, Fernweh plagt uns. Tief in unserem Inneren spüren wir bereits, wohin es uns zieht. Es lockt das Unbekannte, das Neue, das Unerforschte. Weiße Flecken auf der Landkarte, noch nicht entdeckte Kulturen. Der Reiz des »dort«.

Wir reisen im Geiste und in unserem Herzen. Mögliche Informationslücken werden von der Phantasie gefüllt. Das imaginäre Ticket in der Hand, geben wir uns Tagträumen hin, brechen auf zu fernen Ufern, zu magischen Orten mit magischen Namen.

Serengeti, Tibet, Amazonien. Der Grand Canyon, Machu Picchu, Hollywood. Galapagos, Angkor Wat, Istanbul. Havanna, Trinidad, Timbuktu.

Bilder von Schönheit, Ruhe, Faszination, Romantik. Weißer Sandstrand, Palmen, eine milde Meeresbrise. Ein friedvoller Zen-Garten in Kyoto. Ein malerisches

Pariser Straßencafé. Bilder und Phantasien tauchen auf, wachsen und warten darauf, umgesetzt zu werden.

Sind wir unseren Reiseträumen treu geblieben?

Haben wir die fernen Gestaden unseres Reise-Ich erkundet?

Reiseträume

Ich schließe meine Augen, um zu sehen.

PAUL GAUGUIN

Auf den Flügeln der Phantasie segeln wir zum Horizont und bleiben doch mit beiden Beinen fest auf dem Boden. Unsere Gedanken sind auf großer Fahrt, tragen uns zu Orten, die wir möglicherweise schon bald, möglicherweise nie mit eigenen Augen sehen werden. Die vielleicht gleich um die nächste Ecke liegen, vielleicht aber auch am anderen Ende der Welt. Aus diesen Gedankenreisen erwächst der Anreiz zu den tatsächlichen Reisen, die wir planen.

Wohin würden wir einen Nachmittagsausflug unternehmen, wohin einen Wochenendtrip? Wohin würden wir fahren, wenn wir eine Woche Zeit hätten? Einen Monat, ein halbes Jahr oder gar ein ganzes?

Wir können und dürfen unsere Reiseträume nicht ignorieren. Sie sind die groben Skizzen dessen, was kommen wird, was wir sehen, wohin wir fahren, was wir er-fahren werden. Sie sind die improvisierten Wegweiser für unsere Reise in die Zukunft.

Warum wir reisen

In dem Augenblick, in dem man anfängt, das zu tun, was man schon immer tun wollte, beginnt ein neues Leben.

BUCKMINSTER FULLER

Wir reisen, um der Langeweile zu entkommen. Um Unbekanntes zu erforschen. Um zu entspannen. Uns zu erholen. Ein inneres Gleichgewicht zu finden. Andere Kulturen zu verstehen. Wir reisen, weil wir das Abenteuer suchen. Weil wir das Leben aus einem anderen Blickwinkel sehen wollen. Liebe und Romantik zu finden hoffen. Wir reisen, um eine religiöse oder geistige Pilgerfahrt zu machen. Um Dinge mit eigenen Augen zu sehen, zu überprüfen, am eigenen Leib zu erfahren. Um unser Wissen zu mehren und daran zu wachsen.

Wir reisen, um Zeit und Geschichte zu durchdringen. Um unsere Wurzeln zu entdecken. Um Heilung zu finden, Frieden und Gelassenheit. Um unsere Grenzen auszuloten. Unsere Leistungsfähigkeit auf die Probe zu stellen. Um etwas Originelles zu tun. Einmal etwas anderes zu machen. Um fremde Menschen kennenzulernen. Um historische Orte und Sehenswürdigkeiten zu besichtigen. Wir reisen aus geschäftlichen Gründen. Um eine andere Sprache zu erlernen. Um in einem anderen Land zu arbeiten. Um unsere Arbeitskraft anderswo sinnvoll einzusetzen. Um von der Arbeit wegzukommen.

Wir reisen, um uns zu erholen. Uns zu amüsieren. Einzukaufen. Um zu studieren, zu lernen. Um in Bewegung zu sein. Um unserem Leben einen Sinn zu geben. Einen Sinn im Leben zu finden. Um einen Berg zu besteigen. Uns selbst zu finden. Einen höheren Sinn zu finden. Wir reisen, weil wir Antworten auf existentielle Fragen suchen. Weil wir herausfinden wollen, wo wir zu Hause sind.

Wir reisen, weil es drei Jahre her ist, daß wir das letzte Mal unterwegs waren. Weil es ja gar nicht weit ist. Wir reisen, weil es etwas ist, was wir uns schon seit Urzeiten vorgenommen haben. Wir reisen, weil es wieder einmal an der Zeit ist. Weil wir rastlos sind. Wir reisen, weil wir reisen können. Wir reisen, weil es uns ein Bedürfnis ist. Weil wir reisen müssen.

Wer wir sind, und wer wir sein sollten

Das Leben ist entweder ein aufregendes Abenteuer oder gar nichts.

HELEN KELLER

Natürlich reisen wir auch aus anderen, »niedrigeren« Gründen: Um keine Entscheidung treffen zu müssen. Um Verantwortung aus dem Weg zu gehen. Keine Verpflichtungen, keine Bindung eingehen zu müssen. Weil wir Abwechslung suchen, Ablenkung, Zerstreuung, Amüsement.

Welcher Beweggrund auch immer dahinterstehen mag: Wir hören auf unsere innere Stimme, folgen einem natürlichen Impuls. Dem Drang, uns zu bewegen. Dem Wunsch, etwas zu fassen, zu erfassen, unser Leistungsvermögen auszutesten, ins Unbekannte vorzustoßen. Dem Trieb, irgendwohin zu gehen. Ganz gleich wohin. Ganz gleich wann. Sich die Zeit zu nehmen. Ganz gleich wie lange. Das zu tun, was wir tun müssen. Jetzt!

Das Warum *wandelt sich*

Wenn man sein Ziel nicht kennt, bringt einen jeder Weg
dorthin.

ANONYM

Die Gründe, warum wir reisen, können wechseln. Das *Warum* am Ende kann ein völlig anderes sein als das am Anfang. Möglicherweise verlieren wir das *Warum* sogar ganz aus den Augen, und es stört uns auch nicht, wenn wir es nie mehr wiederfinden. *Warum* ist vollkommen gleichgültig. Vielleicht gibt es gar kein *Warum.* Das *Warum* kann sich später ergeben, aber auch gar nicht. Es ist sogar denkbar, daß wir das *Warum,* das uns ursprünglich vorschwebte, von dem wir so über-zeugt waren, irgendwann selbst nicht mehr verstehen.

Statt dessen schließen wir die Augen, atmen tief durch und lassen uns von der Kraft durchströmen, die das Fernweh in uns weckt, dem Wunsch, irgendwo an-ders zu sein, wo es fremd und verlockend ist. Auf dieses Gefühl konzentrieren wir uns, dort verharren wir.

Unser *Warum* entwickelt sich mit uns, wenn wir in die Tiefen des Unbekannten vordringen. Wir begreifen diesen Wandel und nehmen ihn bereitwillig an.

Die Lust, einfach loszuziehen

Ein jedes ernsthafte Unterfangen wächst von innen heraus.

EUDORA WELTY

Die Kraft, die im Reisen steckt, motiviert uns, den ersten Schritt zu tun. Einfach loszuziehen. Wir besitzen die Kraft, unsere Träume wahr zu machen, an unsere Grenzen zu gehen, unsere innersten, tiefsten Wünsche und Triebe auszuloten. Wir besitzen die Kraft, uns aufzumachen, aufzubrechen für einen Tag, eine Woche, vielleicht sogar ein Jahr. Einfach loszuziehen. Wir haben die Kraft und die Chance, mit der Schönheit, dem Abenteuer, dem Wagemut zu wachsen, die uns jeder neue Tag in einer anderen Umgebung beschert.

Reisen birgt ein unermeßliches Potential! Lassen Sie die Möglichkeiten nicht ungenutzt verstreichen. Ergreifen Sie die Chance. Ziehen Sie einfach los!

REAKTIONEN

Fernweh

Wir schmökern in Katalogen und Zeitschriften,
blättern in Reiseführern, konsultieren Globen
und Atlanten. Wir lassen uns im Reisebüro beraten, unterhalten uns mit Freunden, plaudern mit Weltenbummlern. Wir besuchen die Stadtbücherei, stöbern in
den Regalen von Buchhandlungen, surfen im Internet.
Wir sondieren Lage, Markt und Angebot.

Wir stellen Fragen. Hören zu. Wir lassen unserer
Neugier freien Lauf und unserer Phantasie die Zügel
schießen. Wir geben uns dem Fernweh hin, absorbieren
die Magie. Wir vertiefen uns in die Wunder, die Rätsel
und Geheimnisse des Reisens. Wir schwelgen in Vorfreude. Kosten ihren Glanz.

Träume in die Tat umsetzen

Je nachdem, wieviel Mut ein Mensch hat, schrumpft oder
weitet sich sein Leben.

ANAÏS NIN

Wenn Wünsche Wirklichkeit werden, ist dies ein
kraftvoller Prozeß. Mut und Entschlossenheit
sind unerläßlich, wenn man dieses Unterfangen ange-
hen, Hoffnungen und Träume realisieren will.

Welchen Wert hat das Reisen? Welchen Wert haben
das Leben und seine Erfahrungen, wenn wir nicht unserer inneren Stimme folgen? Wir sind geradezu ver-
pflichtet dazu, unseren sehnlichsten Wünschen nachzu-
kommen, das eigene Potential voll auszuschöpfen.

Reisen läßt Träume in Erfüllung gehen. Reisen be-
stätigt uns darin, Träume in die Tat umzusetzen, alles zu
erreichen, was zu erreichen wir uns vorgenommen haben. Reisen bezeugt unsere Willensstärke, unsere Ent-
schiedenheit, die Grenzen unseres Geistes auszuloten.
Reisen weckt jene große Leidenschaft, jene große Begeisterung, jenen Enthusiasmus, der jedem Menschen
innewohnt. Reisen nährt die Quelle unserer inneren
Kraft. Reisen besitzt magische Kräfte.

Das Reise-Ich

Jedesmal, wenn man einen inneren Ruf ignoriert, verliert man Energie und Kraft und fühlt eine Art geistigen Tod.

SHAKTI GAWAIN

Wir beugen uns unserem Reise-Ich. Geben uns Träumen hin und Visionen von dem, was sein könnte. Sehnen uns nach dem, was geschehen könnte. Wir ignorieren nicht länger die innere Stimme, die uns zum Reisen drängt. Wir unterdrücken unsere Reiseträume nicht mehr. Wir hören auf unser Reise-Ich.

Wir konzentrieren uns auf uns selbst. Wir tun, was wir tun müssen, und folgen den Bedürfnissen unseres Reise-Ich.

Wir werden eins mit unserem Reise-Ich, versuchen, dem Fernweh gerecht zu werden, die Chance zu nutzen, aus der magischen Energie zu schöpfen, die ihm innewohnt. Fernweh und Reiselust stehen im Rampenlicht, im Rampenlicht des Lebens. Sie geleiten uns durch einen Tag, eine Woche, einen Monat, ein Jahr. Unsere Phantasie weist uns den Weg; sie ist unser Leuchtfeuer, unser Leitstern.

Wir würdigen unser Reise-Ich.

Dem Ruf des Reise-Ich folgen

Mir gefällt der Gedanke, daß das menschliche Gehirn
über ein integriertes System verfügt, das uns auf Reisen
schickt, und daß darin der wirkliche Grund unserer
Rastlosigkeit liegt.

BRUCE CHATWIN

Wir erkennen die Ursache der fehlgeleiteten
Energie, die nicht freigesetzt werden kann. Die
Ursache unserer Ängste, unseres Zauderns. Wir wissen,
wie es ist, den Drang zu verspüren, alles hinter sich zu
lassen, und doch nicht weg zu können.

Wir wissen, daß Reisen hilft, diese aufgestaute Energie freizusetzen, unsere Bewegungsenergie optimal zu
kanalisieren. Wir merken, wie gut wir uns fühlen, wenn
wir unterwegs sind, wenn wir mit dem Auto losfahren,
im abhebenden Flugzeug in die Sitze gedrückt werden
oder aus dem Zugfenster auf die vorbeirauschende
Landschaft schauen.

Durch Fortbewegung in die richtigen Bahnen ge-
lenkt, bekommen wir, was wir brauchen, wonach wir
uns sehnen, was uns ein seßhaftes Leben, ein Leben
ohne Reisen nicht zu geben vermag.

Reisen befriedigt unser Bedürfnis nach Bewegung.
Einfach und direkt: sich bewegen, reisen, *leben*.

Zu neuen Ufern

Wenn jeder auf Nummer Sicher geht, entsteht eine Welt voll größter Unsicherheit.

DAG HAMMARSKJÖLD

Wir verdrängen die Gründe, nicht wegzufahren: Geld, Familie, Arbeit, Karriere. Verpflichtungen und Verantwortlichkeiten. Ich kann unmöglich weg. Keine Zeit. Alles, was uns von unseren Träumen fernhält, von unserem Reise-Ich.

Wir denken an die Gründe, die wir uns ausgedacht haben, um nicht wegzufahren. Wir schreiben jeden einzelnen auf, einen nach dem anderen. Dann radieren wir sie der Reihe nach aus, bis das Blatt vor uns wieder leer ist. Keine Ausreden mehr.

Wir wachsen mit dem Drang zu reisen, mit dem Kennenlernen unbekannter Orte – auf Gottes weiter Welt wie in den Weiten der eigenen Seele. Wir widmen uns unseren Reisen mit Feuereifer, gehen in unseren Reisen auf.

Endlich . . .

Zögere nicht, anzupacken, was du vorhast. Wir leben nicht bis in alle Ewigkeit. Wir haben nur diesen einen Augenblick; er glänzt in unserer Hand wie ein Stern – und vergeht wie eine Schneeflocke.

MARIE BEYON RAY

Wir sind nicht auf immer hier. Wir haben alle Ewigkeit, um der Ruhe zu frönen, aber nur wenige kostbare Jahre, unseren Drang nach Fortbewegung auszuleben. Wir überdenken, was wir vom Leben erwarten. Wir tun jetzt das, was wir tun wollen. Wir fahren dorthin, wo wir sein möchten. Wir tun, was wir tun müssen, reisen, wohin es uns treibt. Wir bereuen nichts. Wir sind auf dem Weg. Endlich.

Wir nehmen uns die Freiheit und die Zeit, unseren Träumen und Gedanken zu folgen. Die Zeit ist unser kostbarstes Gut. Nehmen wir uns jetzt die Zeit zum Reisen. Ringen sie uns notfalls ab. Es ist wichtig. Wir sind auf dem richtigen Weg. Endlich.

Wir stellen uns unser Lebensende vor. Den allerletzten Tag, den wir hier auf dieser Welt weilen. Betrachten wir uns an diesem Ort, zu dieser Zeit. Schauen ganz genau hin. Betrachten wir den Raum, das Bett, die Zimmerdecke. Dort werden wir eines Tages sein. Wir treten

in Verbindung mit diesem Bild und behalten es im Gedächtnis.

Wohin würden wir gerne reisen, wo wir noch nicht
waren? Welches Land, welche Landschaft, welche Kul-
tur wollten wir immer schon erkunden, hatten aber nie
Gelegenheit dazu, oder haben die Gelegenheit nie ge-
nutzt? Jetzt fahren wir hin. Wir sind auf dem Weg.
Endlich.

AUFBRUCH

Die Reise beginnt

Nur Reisen ist Leben, wie umgekehrt das Leben Reisen ist.

JEAN PAUL

Wir legen das Datum fest. Notieren den Termin in unserem Kalender. Wir machen eine Reservierung, kaufen unser Ticket. Wir wissen, wohin die Reise geht. Ein Versprechen, das endlich eingelöst wird.

Von dem Augenblick an, in dem wir uns zur Reise entschließen, sind wir frei. Wir spüren die Kraft der Entscheidung, eine Welle der Klarheit durchdringt uns. Die Kraft unserer Verpflichtung. Wir spüren die Kraft der bevorstehenden Fahrt. Unsere Gedanken gehen auf Wanderschaft, reisen unserem Körper voraus.

Den Aufbruch vorbereiten

Große Ideen brauchen nicht nur Flügel, sondern auch
eine funktionstüchtige Landevorrichtung.

C. D. JACKSON

Jeder nach seiner Fasson.
Wir schmieden Pläne. Viel zu detaillierte Pläne. Wir
stellen Recherchen an. Übertrieben genaue Recherchen. Wir bereden die Reise. Zerreden sie. Wir reser-
vieren Hotelzimmer. Sicherheitshalber immer gleich
mehrfach. Jeder nach seiner Fasson.

Wir gehen einkaufen. Wir lesen. Wir lassen uns impfen. Wir machen weitere Besorgungen. Wir vertiefen
uns in die Lektüre. Gehen wieder zum Impfen. Wir lassen unseren Paß verlängern. Wir beantragen Visa. Wir
holen die bestellten Tickets ab. Und gehen noch einmal
einkaufen, lassen uns die letzten Impfungen geben. Jeder nach seiner Fasson.

Wir warten sehnsüchtig, können es kaum erwarten.
Die Tage schleichen dahin. Die Zeit vergeht viel zu
langsam. Jeder nach seiner Fasson.

Wir packen und packen wieder aus, packen um. Jeder
nach seiner Fasson.

Wir erzählen keiner Menschenseele, was wir vorhaben. Wir lesen nichts. Wir nehmen keinerlei Reservie-
rungen vor. Wir werfen unsere ganze Habe in eine Ta-
sche und machen uns auf den Weg. Spontan. Einfach so.
Jeder nach seiner Fasson.

Gepäck

Im Verlauf der Fahrt entdeckten wir die Annehmlichkeiten des unbeschwerten Reisens, indem wir alles zurückließen, was wir nicht dringend benötigten. Wer es nicht am eigenen Leibe erfahren hat, vermag sich nicht vorzustellen, welche Behinderung selbst eine kleine Last bedeutet, wenn man über Felsen klettert, durch Moore stapft und schmale Wege passiert; wie freudig ein Mensch, der sich zu Hause mit allem Komfort umgibt, in der Stunde der Erschöpfung alles zurückläßt, außer sich selbst.

SAMUEL JOHNSON

Wir packen alles Wichtige ein. Und vieles Unwichtige. Waschzeug und Fotoapparate. Campingausrüstung und Haartrockner. Seifenblasenpuster für die Kinder, denen wir unterwegs begegnen könnten. Praktisches zum Anziehen, Sportliches zum Anziehen, Schickes zum Anziehen. Berge von Landkarten. Wichtig für manche, nebensächlich für andere.

Wir packen ein, was wir brauchen, was wir zu brauchen glauben. Um frei zu sein. Für unser ganz persönliches inneres Gleichgewicht. Für uns. Damit wir uns wohl fühlen. Es ist unser Urlaub, unsere Reise, unsere Fahrt nach Übersee.

Mehrere Schrankkoffer. Ein Koffer oder zwei. Ein Rucksack. Eine Reisetasche. Ein Bordcase. Ein Brustbeutel. Eine Zeitschrift. Wir wissen, was wir brauchen.

Und wenn wir uns irren, dann werden wir auch das rechtzeitig bemerken. Wir befreien uns von einer Last. Wir erkennen, was wir zum Glücklichsein brauchen. Und dann brechen wir auf.

Es ist soweit

Du brauchst nichts weiter zu tun, als nach vorn zu blicken
und den Weg zu sehen. Und siehst du ihn, dann setz dich
nicht hin, um ihn zu betrachten, sondern geh!

AYN RAND

Der Sog der Abreise, der bevorstehenden Trennung
wird stärker. Die Zeit verjüngt sich. Vorfreude
drängt uns an Bord.

Wir richten unsere Rezeptoren auf alles, was unsere
Fahrt betreffen könnte. Einen Reisetip. Ein Stückchen
Geschichte. Anekdoten. Etwas in den Nachrichten. Alles, was – in welcher Hinsicht auch immer – mit einem
Ort zu tun hat, den wir besuchen wollen. Unsere Reiseantenne ist ausgefahren. Die Feinabstimmung stimmt.
Wir stehen vor dem Tor. Sehen den Weg, der vor uns
liegt. Wir spüren die Kraft, die Magie.

Direkt vor unserer Nase. Ausgewählt. Ergriffen. Besessen. Daß es so nahe bevorsteht, erfüllt uns mit Kraft.

Abreise

Das Leben nährt sich von Bewegung, nicht von Statik.

ANTOINE DE SAINT-EXUPÉRY

Wir wachen auf, und der Tag des Abschieds ist da, der Tag unserer Abreise, des Aufbruchs zu Orten, die wir möglicherweise bereits kennen, vielleicht aber auch noch nie betreten haben. Nichts kann uns mehr aufhalten. Die Arme weit ausgebreitet, preschen wir nach vorn. Wir brechen auf, erfüllt von Freude und von Liebe zu jenen, die wir zurücklassen, zu jenen, denen wir begegnen werden, zu Orten, die wir noch nicht, aber schon bald kennen werden, zu den Plätzen, an denen wir uns fern der Heimat zu Hause fühlen werden.

Flughafen, Busbahnhof, Eisenbahn. Einchecken, einsteigen, Fahrkartenkontrolle. »Ihr Ticket, bitte.« Das Gepäck eilt uns voraus. »Gute Reise!«

Wir nehmen Abschied. Ein Lächeln auf den Lippen, Tränen in den Augen, voller Begeisterung und Angst. Zoll und Paßkontrolle. Ein letztes Adieu. Ein letztes Winken. Ein letzter Blick zurück, wenn wir die Sicherheitskontrolle passieren, unterwegs ins Unbekannte.

Jeder sein eigener Held

Dann kam der Tag, als das Risiko, in der fest
geschlossenen Knospe zu verharren, größer und
schmerzvoller erschien als das Wagnis, das ein
Aufblühen bedeutete.

ANAÏS NIN

Aufbrechen heißt selbst zum Helden werden. Das
Schicksal selbst in die Hand nehmen. Zugreifen.
Die Chancen nutzen, die das Leben bietet.

Wir sind Helden, weil wir jenen ersten Schritt gewagt haben. Weil wir uns ins Auto gesetzt haben. Diesen Bus, diesen Zug, dieses Schiff, dieses Flugzeug be-
stiegen haben. Weil wir die Bindung an unser Zuhause
gelöst und es gewagt haben, eine andere Richtung ein-
zuschlagen. Hin zu einer anderen Welt. Unserer Welt.

Bewegung ist alles

Ich reise nicht, um irgendwohin zu kommen, sondern um unterwegs zu sein. Ich reise um des Reisens willen. Worauf es ankommt, ist die Bewegung.

ROBERT LOUIS STEVENSON

Wir fliegen. Wir fahren Bus. Taxi. Auto. Rad. Wir gehen zu Fuß. Marschieren. Waten. Stiefeln. Wir segeln. Wir fahren mit dem Kajak. Fahren Kanu. Boot. Schiff. Wir trampen. Machen eine Spritztour. Wir reisen. Wir sind in Bewegung.

Wir lehnen uns zurück und spüren die Bewegung. Bewegung fühlt sich gut an. Phantastisch. Bewegung fokussiert unsere Gedanken. Bringt unser Denken auf den Punkt. Bewegung eröffnet neue Perspektiven, rückt alles in ein neues Licht. Bewegung schafft Distanz und gleichzeitig Nähe, zu anderen ebenso wie zu uns selbst. Bewegung von uns weg und zu uns hin.

Wir entspannen im Rhythmus der Bewegung. Vorwärts, vorwärts, weiter, immer weiter. Wir bewegen uns voran. Wir machen Fortschritte. Kommen weiter. Weg von. Vorbei an. Hin zu. Wir verkörpern Ruhe und Spannung. Bewegung ist Vorfreude, ist Reisen. Bewegung ist alles. Alles ist Bewegung.

Bewegung beflügelt

Kein Augenblick auf einer Pilgerfahrt birgt größere
Freude als der allererste Schritt.

CHARLES DUDLEY WARNER

Wir geben uns der linearen Bewegung hin. Immer
vorwärts, immer unterwegs, auf dem Weg hin
zu einer magischen Grenze. Beobachten, was um uns
herum geschieht, werden, was war, und sich im Horizont verlieren. Aus den Augen, aus dem Sinn.

Bewegung läßt allen Lärm verstummen und überläßt
uns dem, was sein wird, dem aufkeimenden Flüstern
der Zukunft, dem Zauber dessen, was die Bewegung
des Lebens verheißt. Bewegung beflügelt.

Wir spüren die Bewegung. Wir fühlen die Sorgen
und Belastungen schwinden. Allmählich. Schrittweise.
Aber mit jedem Schritt, den wir tun, immer deutlicher.
Wir lassen los. Wir atmen tief durch und spüren die Bewegung. Wir genießen das Loslassen. Das unvergleich-
liche Gefühl der Befreiung. Die herrliche Freisetzung
der Bewegung. Wir spüren, daß Bewegung beflügelt.

Alles Belastende zurücklassen

Wer fröhlich reisen will, muß mit leichtem Gepäck reisen.

ANTOINE DE SAINT-EXUPÉRY

Wir erheben uns. Beflügelt erheben wir uns über uns selbst, lassen unsere Sorgen, unsere Zwänge, lassen den Alltag zurück. Wir stehen über den Dingen. Verantwortlichkeiten, Pflichten, Verpflichtungen – seien sie eingebildet oder real – tangieren uns nicht mehr. Wir lassen uns treiben, von uns weg und auf uns selbst zu. Auf unser anderes Selbst und auf andere zu.

Die drückende Last des Vertrauten, des Familiären wird von uns genommen. Die Schwere schwindet dahin. Wir erheben uns auf den Schwingen der neu gewonnenen Freiheit. Eine neue Leichtigkeit nimmt Gestalt an. Wir heißen die ungeheure Frische des Reisens willkommen, geben uns ihr ganz hin.

Wir sagen allen Belastungen adieu, allen Anstrengungen und Verpflichtungen. Wir genießen die neue Leichtfertigkeit. Wir erfreuen uns an der Unbeschwertheit unserer Seele.

Wir haben uns unsere Reisen verdient

Es zählt nur, was du aus deinem Leben machst.

MILLARD FULLER

Wir arbeiten uns vor zu unserem Weg, zum Erleben unserer Reise. Wir wertschätzen unsere Sehnsucht, die Wunder des Reisens auszukosten, die mannigfaltigen Gaben anzunehmen, die wir daraus gewinnen, das bunte Mosaik des Reisens zu entfalten.

Wir haben ein Recht auf die Verzückungen des Reisens, auf die Überraschungsmomente, die es in unser Leben bringt, auf die Fülle von Geschenken, die uns erwarten. Wir nehmen das Dargebotene an, ohne uns weiter Gedanken darüber zu machen. Wir genießen die Befreiung. Wir haben uns dieses unglaubliche Gefühl von Freude verdient. Wir erkennen das ungeheure Potential der Dynamik. Wir gönnen es uns, uns verwöhnen zu lassen.

FREIHEIT

Der ureigene Weg

Es gibt eine Vitalität, eine Lebenskraft und Energie, eine
Bewegtheit, die durch dich in Aktion tritt, und da du
einmalig bist, ist auch dieser Ausdruck einmalig. Und
wenn du ihr den Zugang verwehrst, wird sie niemals
durch ein anderes Medium erscheinen, sondern ist
für immer verloren.

MARTHA GRAHAM

Wir legen den Weg fest. Wir bestimmen den Weg,
indem wir unserer Eingebung folgen. Wir folgen unserem inneren Impuls. Wir fahren, wohin wir
fahren müssen. Wir haben eine grenzenlose Auswahl an
Routen, die doch alle ans Ziel führen. Jede ist einzigartig, existent ausschließlich in diesem Augenblick, in dieser Sekunde, und ausschließlich für uns gangbar.

Wir kehren an Orte zurück, die wir bereits besuchten, und versuchen, ein und denselben Weg noch einmal zu gehen, nur um zu entdecken, daß eine neue
Straße unserer harrt, die mit der alten nicht mehr viel
gemein hat. Jede Reise ist mit einzigartigen Begegnungen verbunden, Begegnungen mit Menschen, mit
Orten, Ereignissen und Begebenheiten, die sich nicht
wiederholen lassen. Nur in Ehren halten.

Unsere Fährten zeigen die Freuden und Offenbarungen unseres einmaligen Logbuchs, des Logbuchs unseres ureigenen Wegs.

Reisen ist etwas Individuelles

Die eigene Schöpferkraft offenbart sich uns, sobald wir
aufhören, irgendeinem Ideal nachzujagen, sobald wir
lernen, wir selbst zu sein, und uns der Kraft und der
Magie öffnen, die in uns stecken.

SHAKTI GAWAIN

Jeder Mensch hat verschiedene Bedürfnisse, Wünsche
und Ansprüche.

Wir reisen allein oder mit Freunden. Wir schließen
uns einer Gruppe an. Wir ziehen von Ort zu Ort. Wir
verweilen in einer Stadt oder einem Dorf, das uns besonders gut gefällt, und machen uns von dort wieder auf
den Weg. Wir leben im Luxus oder von der Hand in
den Mund. Wir reisen nach einem strikten Zeitplan
oder einfach in den Tag hinein.

Reisen schließt alles ein. Welcher Reisephilosophie
wir auch anhängen mögen, wir alle sind Reisende,
gleichgültig welchen Namen wir uns geben: Abenteu-
rer, Weltenbummler, Tourist, Feriengast, Sommerfrisch-
ler, Rucksacktourist, Urlauber, Kurlauber, Globetrotter,
Weltreisender. Wir alle sind Reisende. Unabhängig
davon, wie wir reisen – im Reisen steckt immer eine
Kraft. Reisen hat immer etwas Mutiges, etwas Helden-
haftes.

Leben im Augenblick

Im alltäglichen Leben empfand ich oft das bedrückende
Gefühl, daß alles, was ich tat, einen Zweck haben mußte.
Jedes Buch, das ich las, jeder Film, den ich anschaute,
mußte einen vernünftigen Grund haben. Von Zeit zu Zeit
überkam mich das dringende Bedürfnis, etwas ganz
ohne Grund, etwas ganz und gar Zweckfreies zu tun.

MICHAEL CRICHTON

Die Kleinlichkeiten und Kümmernisse des stati-
schen Lebens belasten uns nicht. Wir dürfen einfach nur sein. Einfach nur in der Gegenwart leben.

Schwerelos wie der Wind schweben wir in der Un-
mittelbarkeit des Augenblicks, im Jetzt unseres Lebens.
So vieles ist neu, unbekannt, unentdeckt. Unser Denken
ist erfüllt von dem, was unmittelbar vor uns liegt. Kein
Grund für Zweifel. Kein Grund, nach etwas anderem
Ausschau zu halten, das unsere Gedanken beschäftigen,
uns aus dem Augenblick herausreißen könnte. Wir konzentrieren uns ganz auf das Jetzt.

Wir sind uns des Augenblicks voll bewußt. Wir leben
im Augenblick. Leben den Augenblick. Wir sind unbeschwert, frei, alles aufzunehmen, offen für Anregungen
aller Art. Wir sind hier. Wir sind hier, weil wir da sind.
Jetzt. In diesem Augenblick.

Befreiung

Es ist nie zu spät, das zu werden, was du hättest werden
können.

GEORGE ELIOT

Wir entlassen uns selbst in die Welt. Wir entlassen
unser Selbst in die Welt.

Wir ziehen aus, unsere Sehnsüchte zu leben, das zu
leben, was wir wirklich sind. In die Welt entlassen, gewinnen unsere Träume neues Leben und neue Kraft.
Wir träumen neue Träume, von Orten und Menschen,
die wir noch nicht kennen, von Erfahrungen, die zu
machen uns noch bevorsteht. Wir leben.

Wir setzen unseren Träumen keine Grenzen mehr.
Mit dem Kajak durch die kanadischen Queen-Charlot-
te-Inseln. Eine Besteigung des Kilimandscharo. Ein
Spaziergang auf der Chinesischen Mauer. Eine Fahrt
quer durch Amerika. Warum nicht?

Neue Abenteuer. Neue Herausforderungen. Neue
Ziele. Neue Sehnsüchte. Neue Inspirationen. Wir sind
befreit und können handeln. Wir können ganz wir
selbst sein. Wir erkennen das ungeheure Potential dessen, was vor uns liegt. Wir sind offen für alles.

Unabhängigkeit

Glück ist, wenn das, was man denkt, was man sagt und was man tut, miteinander in Einklang stehen.

MAHATMA GANDHI

Unsere Gedanken sind frei. Können sich frei entfalten, umherziehen, abschweifen, erkunden, untersuchen, entdecken, genießen, lieben, blühen. Sie können das volle Ausmaß des Glücks durchmessen, alle Möglichkeiten des Unbekannten ausschöpfen. Wir haben eine Lizenz, unsere Gedanken von allen Fesseln zu befreien, unsere Sehnsüchte zu entfesseln, das Banner unserer Phantasie zu entrollen. Wir sind frei. Unabhängig und ungebunden, und wir segeln mit den kraftspendenden Winden des Reisens.

Ziehen wir umher. Schweifen wir ab. Erkunden wir. Untersuchen wir. Entdecken wir. Genießen wir. Lieben wir. Blühen wir!

Der inneren Stimme folgen

Ein Schiff, das im Hafen liegt, ist sicher; aber das ist es nicht, wofür Schiffe gebaut werden.

WILLIAM SHEDD

Wir sind durch keine Regeln gebunden. Wir können tun und lassen, was wir wollen, nach einem festen Plan vorgehen oder nach Lust und Laune. Einem spontanen Einfall folgen oder völlig ziellos umherstreifen. Wir können fahren, wann und wohin wir wollen. Wir folgen unserer Phantasie, unseren Neigungen, unserem ureigenen Befreiungsprozeß. Wir folgen unserer inneren Stimme.

An jeder Weggabelung entscheiden wir uns ganz spontan, in dem entsprechenden Augenblick, der befreienden Sekunde. Ganz gefühlsmäßig. Instinktiv, wie Kinder. Aus dem Herzen unserer Spontaneität heraus. Wir folgen der inneren Stimme.

Wir lernen unserer inneren Stimme vertrauen. Wohin wir fahren sollten. Wem wir vertrauen dürfen. Was wir tun sollten. Wir lernen, unserem inneren Selbst zu vertrauen. Wir folgen der inneren Stimme.

Qualen der Wahl

Leichten Herzens und Fußes mache ich mich auf den Weg. Gesund, unabhängig, die Welt liegt vor mir. Der lange braune Weg vor mir führt, wohin immer ich will.

WALT WHITMAN

Was sollen wir anschauen? Was essen? Wo rasten? Wohin sollen wir fahren? Wie? Und wann? Wann sollen wir innehalten? Wo? Wen treffen? Wem lauschen? Was tun? Wann? Wie? Wie sollen wir leben?

Die Freiheit, nach Lust und Laune zu entscheiden. Die Freiheit, unserem inneren Fluß zu folgen. Die Freiheit, uns dem Strom anderer anzuschließen. Wir haben die Wahl. Wie, wann, warum, wo, was, wer. Wir sind mit der Entscheidungsfreiheit des Reisenden gesegnet.

Wir rufen uns unsere besten Entschlüsse auf Reisen ins Gedächtnis. Und unsere schlechtesten. Und das, was wir daraus unterwegs gelernt haben.

Immer und überall

Nimm dir als Ziel den Mond; selbst wenn du ihn verpaßt,
wirst du zwischen den Sternen landen.

LES BROWN

Wir bereisen unsere Heimat. Das Land unserer Eltern. Wir reisen an Orte, die wir kennen, und an solche, die wir noch nie betreten haben, aber schon immer besuchen wollten.

Wir reisen an Orte, die grandios sein sollen, die »man gesehen haben muß«. Wir reisen an Orte, wo alle Welt hinfährt, wo alle Welt herkommt. Wir reisen an Orte, wo kein vernünftiger Mensch hinfährt. Wir reisen an Orte, die nur wir besuchen wollen.

Wir reisen an den Ort, an dem uns der nächste Zug, das nächste Boot absetzt. Wir reisen an den Ort, an den uns der Wind des Schicksals weht.

Wir reisen hin zu unseren Fähigkeiten und Möglichkeiten. Immer und überall reisen wir, hin zu unseren Träumen und hin zu uns selbst.

Unterwegs zum Selbst

Der Mensch hat nicht die Freiheit, sich das zu
verweigern, was ihm mehr Freude bereitet als jede
andere denkbare Handlung.

STENDHAL

Wir verlassen den Alltag. Wir lassen das Gewöhn-
liche zugunsten des Heiligen zurück.

Wir müssen fort an einen Platz, der uns zutiefst berührt. Zutiefst anrührt. Der uns anregt und bereichert.
Wir begeben uns hin zum Göttlichen. Wir begeben uns
an einen Ort, an dem wir uns wohl fühlen, an dem wir
Ruhe finden, Entspannung, Frieden.

Das Meer. Der Wald. Die Wüste. Die Berge. Die
Steppe. Die Stadt. Der Golf von Mexiko. Die Red-
woods. Die Sahara. Die Alpen. Die Toskana. Rio. Wir
begeben uns an einen Ort, der uns fasziniert, inspiriert
und stimuliert.

Wir begegnen unserem heiligen Selbst. Wir berühren
unser heiliges Selbst. Wir respektieren unsere Träume.
Wir achten unser Herz. Unsere Träume sind Schlüssel
zu unserem Herzen. Unsere Träume offenbaren das
Göttliche in uns. Wir fahren dorthin, wo wir unserem
heiligen Selbst am nächsten sind.

Spontaneität

Ganz spontan. Unser Tagesausflug wurde in letzter Minute abgesagt. Was sollen wir tun? Ganz spontan. In einem Kuhdorf am Ende der Welt gibt unser Auto den Geist auf. Was sollen wir tun? Ganz spontan.

Wir lernen einen neuen Freund kennen, der darauf besteht, uns zum Essen einzuladen. Wir gehen mit. Ganz spontan. Bis zur Abfahrt unseres Busses oder Zuges schlendern wir über einen farbenfrohen Markt. Ganz spontan.

Wir halten Ausschau nach Gelegenheiten, spontan zu sein. Wir freuen uns auf Gelegenheiten, spontan zu sein. Wir *schaffen* Gelegenheiten, spontan zu sein. Wir halten uns jeden Tag eine Stunde frei, für die wir keinerlei Pläne schmieden. Oder einen ganzen Tag. Vielleicht sogar eine ganze Woche, einen ganzen Monat. Um frei zu sein, offen für spontane Entschlüsse. Wir schwelgen in unserer Spontaneität. Wir lassen uns von unserer Spontaneität treiben. Ganz spontan.

Reisen kennt keine Altersgrenzen

Als ich sehr jung war und den unaufhaltsamen Drang
verspürte, anderswo zu sein, versicherten mir reifere
Leute, dies würde sich geben, sobald ich reifer geworden
sei. Als ich diese »Reife« erreichte, vertröstete man mich
auf das mittlere Lebensalter. Im mittleren Lebensalter hieß
es, weitere Bejahrtheit würde meine Reiselust zähmen.
Und nun, da ich achtundfünfzig bin, wird dies vielleicht
im Greisenalter geschehen. Bislang jedenfalls
hat nichts geholfen.

JOHN STEINBECK

Das Alter spielt keine Rolle, wenn wir uns auf den
Weg machen. Ob wir achtzehn sind oder einund-
achtzig, wir können reisen und die Ernte unseres Reisens einbringen. Die Gedanken eilen voraus, und der
Körper folgt. Lediglich die Perspektive ist eine andere.

Reisen Sie mit zwanzig, und unternehmen Sie die-
selbe Fahrt noch einmal mit vierzig, sechzig oder achtzig. Das Erlebnis der Bewegung kennt keine Alters-
grenzen, es steht jedem offen.

Wir vergleichen, wie Orte sich im Laufe der Jahre
und Jahrzehnte verändert haben, wenn wir sie in ver-
schiedenen Stadien unseres Lebens besuchen. Wir über-
legen, welche Veränderungen ein Ort erfahren haben
wird, wenn wir nach zehn Jahren wiederkehren, und
dann noch einmal nach zwanzig. Reflexionen. Spiegel-
bilder unserer selbst.

Freuden der Anonymität

Es ist nicht möglich, Neuland zu entdecken, wenn man nicht bereit ist, für sehr lange Zeit das Ufer aus den Augen zu lassen.

ANDRÉ GIDE

Unversehens, ohne jede Vorwarnung, erkennen wir in irgendeinem Augenblick, an irgendeinem Tag, irgendeinem Ort, daß kein Mensch auf der Welt weiß, wo wir uns gerade aufhalten. Niemand. Wir sind namenlos, unbekannt, anonym. Ein Rätsel.

Wir haben keine Angst vor unserer Anonymität. Wir preisen sie, weil sie uns in Hochstimmung versetzt und frei macht. Wir fühlen uns wohl in ihr. Die Ungebundenheit, die sie uns schenkt, gibt uns Kraft. Wir ergehen uns in dieser Kraft, ihrer Freizügigkeit. Wir sind bereit für alles, was sie uns bringen wird. In diesem Augenblick sind wir genau der Mensch, der wir sein wollen. Wir sind, wer wir sind. Reisende. Frei.

Auf den Schwingen der Freiheit

Wandle voller Zuversicht in die Richtung deiner Träume!
Lebe das Leben, das du dir erträumst.

HENRY DAVID THOREAU

R eisen verleiht uns Flügel, verleiht unserer Phantasie Flügel, so daß sie sich zu neuen Höhen erhebt,
auf höhere Ebenen.

Wir schwingen uns empor, weit über den ursprüng-
lichen Gedanken hinaus, weit über unsere Wurzeln,
weit über die Grenzen unseres Geistes. Wir erheben uns
mit all unseren Sinnen.

Alles Neue und Unerwartete, all die Gaben dessen,
was wir uns nie vorzustellen vermochten. Unendlich
viel Neues. Grenzenloses Potential. Höhenflüge ohne
Ende.

ENTDECKUNGEN

Mit allen fünf Sinnen

Ziel des Lebens ist es zu leben, und leben heißt sich
bewußt sein, sich freudig, trunken, heiter, göttlich bewußt
sein.

HENRY MILLER

Reisen bereichert unsere Sinne: was wir sehen, was
wir riechen, was wir schmecken, was wir hören.
Was wir fühlen. Mit jeder Faser stimmen wir uns auf
unsere Umgebung ein, jede Saite schwingt im Einklang. Reisen verzaubert unser ganzes Sein.

Reisen stößt uns mit der Nase auf unsere Fähigkeit
zur Freude, macht sichtbar, was andernfalls unbemerkt
bliebe, dringt vor bis in unser Innerstes. Wir sind
berauscht vom Duft des Weihrauchs, erfüllt von der
Grandiosität der Blitze bei einem Tropengewitter, der
Leuchtkraft eines vollen Mondes, vom Grillenzirpen in
einer lauen Sommernacht, dem Duft eines Kiefern-
waldes nach einem Frühlingsregen. Was wir einst übersahen, reicht heute aus, uns glücklich zu machen.

Wir sehen. Wir fühlen. Wir riechen. Wir schmecken.
Wir hören. Wir lauschen hinein in unsere Welt. Wir
sind offen. Offen und wach und empfänglich. Unsere
Sensoren stehen auf Empfang.

Die Faszination des Neuen

Das Schönste, was wir erleben können, ist das Geheimnisvolle.

ALBERT EINSTEIN

Neue Landschaften, neue Menschen. Neue Eindrücke, Reize, die unserem Geist frische Kraft schenken, uns beflügeln. Von allen Seiten strömt es auf uns ein, an jeder Ecke, bei jeder Gelegenheit. Wir schwimmen in einem Meer berauschender neuer Aromen, die uns trunken machen und unglaublich wach zugleich. Welches besitzt die intensivste Wirkung?

Wie ein Schwamm saugen unsere Sinne Reichtum und Vielgestaltigkeit unbekannter Umgebungen und Gesichter auf. Wir sind vollauf damit beschäftigt, fremde Sitten und Bräuche zu entschlüsseln. Vertrautes zu erkennen und den magischen Glanz des neu Entdeckten, des Ungewohnten und Wundersamen freizulegen.

Wir nehmen alles auf. Genießen das Neue, Denkwürdige, vielleicht Kuriose. Frönen seiner Faszination. Wir sind aufgeregt. Wir atmen tief durch, inhalieren, absorbieren das Unbekannte. Voll Leidenschaft und Hingabe. All unsere Sinne sind hellwach.

Ein neues Zeitgefühl

Zeit ist der Stoff, aus dem das Leben gemacht ist.

BENJAMIN FRANKLIN

Vielfältige Erfahrungen lassen unsere Reisetage länger erscheinen. Das Leben wirkt reicher, voller. Bewegung dehnt die Zeit zu unserem Vorteil. Wir verlieren das Zeitgefühl. Jeder Augenblick auf Reisen knüpft an den folgenden an. Jeder Augenblick ist gesättigt, erfüllt, voll bis zum Überlaufen.

Wir nehmen das Tempo zurück und versenken uns in das Leben, versuchen das Leben zu fassen und zu begreifen. Ein Gefühl zu entwickeln dafür, wohin wir unterwegs sind und warum. Wir nehmen uns Zeit, Zeit zu entdecken. Das meiste aus jedem Tag herauszuholen. Jede Sekunde lebt, jeder Augenblick birst vor Vitalität. Stunden und Minuten gewinnen an Größe und Bedeutung, um unseren Bedürfnissen und Träumen gerecht zu werden, um jede Sekunde unserer Reise optimal zu bereichern.

Dem Glück auf der Spur

Reisen werden, wie Künstler, geboren, nicht geschaffen.
Tausend verschiedene Umstände sind beteiligt, und –
ganz gleich, was wir denken mögen – nur die wenigsten
davon geschehen vorsätzlich oder sind von einer
bestimmten Absicht getragen.

LAWRENCE DURRELL

R eisen bringt immer neue Überraschungen. Wir
treffen Leute wieder, die wir jahrelang nicht gesehen haben, Freunde aus Schul- und Sandkastentagen.
Wir begegnen Berühmtheiten und Menschen, um die
man eigentlich lieber einen großen Bogen schlagen
würde. Ein Abbiegen an der nächsten Wegkreuzung,
rechts anstelle von links, und es ergibt sich eine neue
Freundschaft, die vielleicht ein Leben lang hält. Links
anstelle von rechts, und wir stoßen auf jenes zauberhafte
kleine Lokal, in dem wir vor vielen Jahren so vorzüglich
gespeist haben und das wir doch vollkommen vergessen
hatten. Übernachten wir hier anstelle von dort, und mit
einemmal reisen wir nicht mehr nach Süden, sondern
nach Norden, nicht mehr westwärts, sondern gen
Osten.

Ganz gleich, was wir geplant, welche Route, welchen
Zeitplan wir ursprünglich im Kopf hatten – der Zufall
begleitet uns auf Schritt und Tritt. Das Schicksal diktiert

die Reise, bestimmt unseren Weg. Das Glück weist uns die Richtung, dient uns als Kompaß. Wir begrüßen günstige Geschehnisse, glückliche Zufälle, kleine Wunder. Wir erkennen und schätzen das Kismet in unseren Reisen, die feine Abgestimmtheit der Wegweiser unserer Seele. Wir sind dem Glück auf der Spur.

Voller Naivität und Staunen

Die glücklichsten Augenblicke als Tourist scheinen immer
die zu sein, in denen man zufällig über etwas stolpert,
während man eigentlich etwas ganz anderes sucht.

LAWRENCE BLOCK

Reisen erinnert uns an all das, was es noch zu lernen und zu verstehen gibt. Dem, was Reisen uns lehren kann, was Erfahrung uns zu lehren und was die Welt uns zu offenbaren vermag, sind keine Grenzen gesetzt. Wir erkennen, daß wir nur zu wissen *glauben*.

Da wir nicht wirklich Teil unserer ständig im Wandel befindlichen Umgebung sind, bleibt auch unser Verständnis oberflächlich. Bescheiden und flüchtig. Hier und dort klauben wir unterwegs ein paar Krumen Erkenntnis auf, nicht genug, um unseren Weg auszuleuchten, aber ausreichend, uns zu führen, Schritt um Schritt, Blick um Blick. Kostbare Lichtpünktchen, die uns auf unserer Reise das Geleit geben.

Neugier

Befriedigung der Neugierde ist eine der größten Quellen
des Glücks.

LINUS PAULING

Wie ein Kind beginnen wir unsere Reise frei von allen Hemmungen. Wie ein Kind machen wir uns ohne jegliche Vorbereitung auf den Weg in eine uns unbekannte Welt. Die Gelegenheit bietet sich, und Reisen erlaubt es uns, unserem Forscherdrang nachzugeben. Wie ein Kind.

Weit weg von daheim gibt es so vieles, was wir nicht verstehen. So vieles, was wir verstehen wollen. So vieles, was wir begreifen, erkunden, einer genauen Untersuchung unterziehen möchten. Wir müssen es einfach verstehen. Wir müssen es erkunden, untersuchen.

Weg von zu Hause sind wir freier und ungehemmter. Wir können uns gehenlassen. Wir geben unserer Wißbegierde ganz offen nach. Wir erlauben uns, neugierig zu sein. Wir nehmen uns die Zeit, etwas zu erforschen. Bereits Bekanntes interessiert uns nicht. Wir nehmen uns die Zeit zum Improvisieren, zum Ausprobieren, zum Experimentieren.

Nach draußen und drinnen

Es gibt so unendlich viel zu lernen. Alles lädt uns ein. Wir bemühen uns, alles zu begreifen. Wir setzen alles daran, teilzunehmen an dem, was vor uns liegt. Wir agieren und reagieren. Wir stellen Fragen und lauschen den Antworten. Wir lernen von den und über die Menschen und Orte, die wir besuchen. Letztlich lernen wir etwas über uns selbst.

Wir befragen uns selbst. Wir horchen in uns hinein. Wir schauen nach drinnen. Und nach draußen in einen Spiegel. Wir stellen uns wichtige Fragen. Wir stellen in Frage, was wir sehen, wessen wir Zeuge werden. Wir überprüfen unsere Vermutungen, das, was wir glauben. Wir mögen keine Antworten finden, aber wir suchen. Wir suchen und stellen Fragen. Und fahren fort auf unserer Reise, auf der Reise durch die Landschaften unseres inneren Selbst.

Wiederentdeckungen

Wahre Entdeckungsreisen bestehen nicht darin, neue
Landstriche zu suchen, sondern die bekannten mit neuen
Augen zu sehen.

MARCEL PROUST

Reisen bietet uns Gelegenheit, Dinge und Gefühle
wieder zu entdecken. Neu zu entdecken, was
Vergnügen, Freude und Schönheit heißt. Was Abenteuer, Zeitvertreib und Vortrefflichkeit ist. Was Verge-
bung, Akzeptanz, Hingabe bedeuten. Einsamkeit,
Ruhe und Stille wiederzuentdecken. Laufen, Tanzen
und Springen, Soireen, Cocktailschlürfen und geho-
bene Unterhaltung wiederzuentdecken.

Was möchten wir auf unseren Reisen wiederentdek-
ken? Was haben wir bereits entdeckt?

Wir können Gesundheit, Stärke und Kraft wiederentdecken. Perspektive, Visionen, Klarheit. Die Ein-
fachheit, Freiheit und Schlichtheit des menschlichen
Geistes.

BEGEGNUNGEN

Menschen

Reisende bekommen oft den Rat, doch ein dickes Buch mitzunehmen auf ihre große Fahrt. Aber wer möchte schon seine Aufmerksamkeit einem Buch widmen, das immer zur Hand ist, wenn man in den abgegriffenen Seiten eines vollkommen Fremden blättern kann, dem man vielleicht nie wieder begegnet?

QUENTIN CRISP

Menschen reisen von hier nach dort, von irgendeinem Ort zum anderen. Menschen sind da, wenn wir abreisen … Auf Wiedersehen! Menschen sind da, wenn wir ankommen … Hallo!

Menschen im Flugzeug, auf dem Schiff, im Zug, im Bus. Auf der Straße.

Menschen bei dem, was Menschen tun, wenn sie unterwegs sind: Kochen in der Küche der Jugendherberge. Am Frühstückstisch des gastlichen Bed and Breakfast in frische Semmeln beißen. Auf dem Campingplatz neben uns ein Zelt aufstellen. In der blauen Stunde an der Bar unseres Hotels einen Cocktail schlürfen.

Menschen zu Hause, die uns als Gast in ihrem Heim willkommen heißen. Menschen, die einfach ihr Leben weiterleben, während wir auf der Durchreise sind. Menschen, die reden, essen, trinken, lachen, leben, sterben. Die den Gast begrüßen, einladen, dem Reisenden ihr Haus und ihr Leben öffnen. Menschen, die sich unterhalten, engagieren, die andere Leute kennenlernen. Andere Sprachen lernen. Andere Mundarten. Die lernen, andere Menschen zu verstehen.

Wir erinnern uns an Menschen, die wir auf Reisen getroffen haben. Wo wir uns kennenlernten. Wie. Und was sie sagten. Was wir sagten. Begegnungen.

Zufallsbegegnungen mit Menschen. Mit Einheimischen. Mit Fremden. Mit anderen Reisenden, die ein Stück weit denselben Weg hatten. Innehalten und sich unterhalten. Unterwegs sein und reden. Essen und reden. Trinken und reden. Reisen und kommunizieren. Reisen und lächeln. Reisen und lernen. Reisen heißt Menschen begegnen.

Kinder

Man muß die immateriellen, die nicht greifbaren Dinge
des Reisens schätzen – sie sind kostbarer und schöner als
Gold oder Edelsteine.

ALEXANDER STODDARD

Kinder. Kids. Niños. Bambini. Und noch mehr
Kinder. Unschuldige. Und weniger unschuldige.
Aber alle niedlich. Entwaffnend. Neugierig und ent-
zückend.

Sie finden uns. Sie suchen uns. Sie kommen auf uns
zugerannt. Brüder, Schwestern und Freunde im Schlepp-
tau. Fremde. Kleine Fremde.

Unsere Blicke treffen sich. Ihr Lächeln berührt uns.
Manche lächeln zögerlich, zurückhaltend und wachsam.
Vielleicht sogar ein wenig ängstlich. Andere direkt. Sehr
direkt. Wie Kinder eben. Sauber gewaschen und adrett
angezogen. Barfuß, mit laufender Nase und zerrissenen
Kleidern. Minimagneten auf unserer Reise.

Wir spielen mit ihnen. Wir bringen ihnen ein oder
zwei Wörter aus unserer Sprache bei. Sie lehren uns
ihre. Mein Name ist. Dein Name ist. Ich komme aus.
Du kommst aus. Sie singen ein Lied. Eine Melodie, die
sie in der Schule gelernt haben. Wir singen gemeinsam.

Sie berühren unser Haar, unsere Arme und Beine. Wir fotografieren sie. Wir machen ein Bild von ihnen und uns zusammen. Sie möchten Abzüge. Adressen werden auf winzige Fetzen Papier gekritzelt.

Wir teilen denselben Wissensdurst. Augenblicke gemeinsamer Entdeckungen. Kraftvolle Momente der Offenheit und Hoffnung.

Was haben wir mit den Kindern gemein, die wir unterwegs treffen? Eine Geschichte. Ein Lied. Ein Lächeln. Eine einfache Umarmung. Einen heiligen Augenblick.

Die Freiheit, ein Fremder zu sein

In der Fremde sind wir uns auf einmal alle sehr ähnlich.

KIM HUBBARD

Wir sind Fremde. Fremde für unsere Mitreisenden. Fremde für die, die wir besuchen. Wir treiben in einem Meer fremder Kulturen. Häufig werden wir mißverstanden. Wir brauchen nicht alles wissen. Wir müssen nicht mit allem vertraut sein. Wir können es versuchen, aber wir haben nicht die Verpflichtung, alles in Erfahrung zu bringen.

Wir sind naiv. Wir sind charmant. Wir sind faszinierend. Man vergibt uns unsere Irrtümer, unsere Fehler und Fehlinterpretationen, unser Anderssein. Und wir sind dafür dankbar.

Es gibt Gelegenheiten, bei denen die Tatsache, daß wir Fremde sind, Vorteile hat. Wir erinnern uns an Zeiten, als Fremdsein uns vor große Herausforderungen stellte. Wir freuen uns über die Gelegenheit, ein Fremder zu sein.

Gastfreundschaft

Der Reisende wird entdecken, wie viele wahrhaft
großherzige Menschen es gibt, mit denen er niemals
zuvor zu tun hatte und auch später nie wieder zu tun
haben wird und die ihm doch die alleruneigennützigste
Hilfe anbieten.

CHARLES DARWIN

Jemand zeigt uns, in welche Richtung wir gehen
müssen. Berät uns. Gibt uns einen Tip. Begleitet uns
sicher zurück zum Hotel. Reicht uns eine helfende
Hand.

Jemand lädt uns zu sich nach Hause ein. Auf eine
warme Mahlzeit. Gibt uns ein Dach über dem Kopf. Jemand kümmert sich um uns. Begegnet uns mit Groß-
zügigkeit. Mit Wärme und Nächstenliebe.

Man begrüßt uns. Nimmt uns auf. Gibt uns das Gefühl, willkommen zu sein. Man vertraut uns und akzep-
tiert uns. Wir lernen, anderen zu vertrauen und sie zu
akzeptieren.

Wessen Gastfreundschaft haben wir nie vergessen?
Wie können wir uns dafür erkenntlich zeigen? Wie
können wir sie zurückgeben?

Merci. Shukran. Eskerrik asko. Dekuji. Dank. Dan-
kan. Kiitos. Euxaristó. Dhan-ya-vaad. Tochia. Terima
kasih. Grazie. Domo arigato. Gamsa-hamnida. Xìe xìe.

Mange takk. Muaruru. Pateiciba. Thank you. Agyama-
nac. Salamat. Dziekuje. Obrigado. Spasibo. Hvala.
Blago darya. Danie. Köszönöm. Gracias. Ahsante sana.
Todah rabah. Khawp khun krup. Sago. Shakria. Danke.

Gespräche

Wir sind nicht Menschen, die gelegentlich geistige
Erfahrungen machen – es ist genau umgekehrt: Wir sind
geistige Wesen, die gelegentlich menschliche
Erfahrungen machen.

DEEPAK CHOPRA

Wir plaudern mit Menschen, die wir gerade getroffen haben. Führen Gespräche. Unterhalten
uns. Woher wir kommen. Wo wir schon überall gewesen sind. Wohin wir unterwegs sind. Wo wir sind. Wer
wir sind. Wer sie sind. Wer wir zu sein behaupten. Wer
sie zu sein behaupten. Wer wir zu sein glauben.

Geheimnisse und Wahrheiten, die wir nie irgend je-
mandem anvertrauen würden, ausgenommen jetzt, in
diesem Augenblick. Einem Fremden, der neben uns im
Zug, im Flugzeug sitzt. Uns gegenüber im Restaurant.
Bei ihm zu Hause. Auf unserem Weg.

Fragen. Antworten. Weitere Fragen. Kleine Fragen.
Die große Frage. Fragen des Wohin.

Jedes Thema ist möglich. Wir sind offen für alles.
Hemmungslos, offen, direkt. Unverblümt und unge-
schminkt. Vertrauensvoll. Frei, zu fragen. Frei, zu antworten. Frei, zuzustimmen. Frei, anderer Meinung zu
sein. Der Dialog des Reisens.

Freundschaft

Wir brauchen mehr Menschen, die sich auf das Unmögliche spezialisiert haben.

THEODORE ROETHKE

Wir genießen die Gelegenheit, neue Bekanntschaften zu machen. Wir sind offen, neue Menschen kennenzulernen, neue Freunde zu gewinnen. Wir
sind bereit, spontan Freundschaft zu schließen. Bekanntschaften anzuknüpfen, die mehr auf Möglichkeiten be-
ruhen als auf Wahrscheinlichkeiten.

Wir sind uns bewußt, daß unser Zusammensein von
begrenzter Dauer ist. Ein paar Minuten vielleicht nur,
eine Stunde, ein Tag. Wir schätzen die Zeit, die wir zusammensein können. Wir investieren unsere Aufmerksamkeit in Menschen, die kennenzulernen uns ein echtes Anliegen ist. Wir legen unser Innerstes bloß. Wir
hören aufmerksam zu. Wir wissen um die Flüchtigkeit,
aber auch um die Intensität unserer Kameradschaft.

Unsere neuen Freunde sind Einheimische, genauso
neugierig wie wir. Unsere neuen Freunde sind Mitrei-
sende, die für einige Zeit denselben Weg gehen, denselben Raum mit uns teilen. Uns verbinden Gemeinsam-

keiten, neben denen unterschiedliche Heimatländer, verschiedene Muttersprachen und kulturelle Schranken bedeutungslos werden. Unsere Motive erscheinen reiner, wenn wir unterwegs sind, Freundschaft um der Freundschaft willen. Glaube an die Freundschaft.

Wir denken an einen Freund, dem wir nie begegnet wären, wären wir nicht gereist. Wären wir nicht damals, zu diesem Zeitpunkt, an diesem Ort gewesen. Um wie vieles reicher ist unser Leben dank dieser Freundschaft! Wir erinnern uns an den Augenblick, als wir uns zum erstenmal begegnet sind. Wußten wir auf Anhieb, daß wir Freunde werden würden? Hätten wir Freundschaft geschlossen, wenn wir uns zu Hause begegnet wären? Wir sind dankbar für unsere Reisefreundschaften.

Rückkehr zu neuen Freunden

Eine Reise mißt man besser nach Freunden als nach
Meilen.

TIM CAHILL

Zufällig treffen wir Leute wieder, denen wir schon auf früheren Reisen begegnet sind. Wir trinken etwas zusammen. Wir gehen etwas essen. Wir bringen uns auf den neuesten Stand. Wir tauschen Reiseerlebnisse aus. Wir geben uns gegenseitig Tips, wohin wir fahren, wo wir absteigen sollten. Und wie man dorthin kommt. Wir erzählen uns Anekdoten darüber, was uns beim Reisen widerfahren ist. Ob sich etwas verändert hat oder nicht. Wir schwelgen in gemeinsamen Erinnerungen. Wir lachen. Und wir lachen gleich noch einmal.

Gemeinsam besuchen wir Orte, die wir bereits besucht hatten. Wir trinken etwas zusammen. Wir gehen etwas essen. Wir bringen uns auf den neuesten Stand. Wir tauschen Reiseerlebnisse aus. Wir erzählen uns Reisegeschichten. Wir erzählen uns, ob sich etwas verändert hat oder nicht. Wir lachen. Und wir lachen gleich darauf noch einmal.

Wir verabschieden uns ... bis zum nächsten Mal. Bis wir uns wieder zufällig irgendwo begegnen. Bis wir wieder voneinander hören, uns schreiben, Fotos schikken. Bis wir telefonieren. Bis wir einander besuchen, als Nicht-Reisende, als Freunde. Wir trinken auf unsere Freundschaft, darauf, daß unsere Wege sich kreuzten.

Ein Geschenk

Wie schwierig es doch ist, bestimmten Orten zu entkommen! Gleichgültig, wie sorgfältig man sich auf das Fortgehen vorbereitet, sie halten einen fest – man läßt etwas von sich selbst zurück, kleine Stoffetzen und Bruchstücke des eigenen Lebens bleiben im Zaun hängen.

KATHERINE MANSFIELD

Wir teilen den Geist und das Glück unserer Reise mit den Menschen, die wir unterwegs treffen. Wir lassen uns von anderen anrühren. Wir beeinflussen sie. Sie beeinflussen uns. Wir lernen von ihnen und erfahren etwas über sie. Sie lernen von uns und erfahren etwas über uns. Wir öffnen uns. Wir tauschen uns aus, offen und rückhaltlos.

Gemeinsam stoßen wir vor zu neuen Ufern. Wir beschreiten bereits bekannte Pfade, klauben Kostbarkeiten auf, schimmernde Diamanten vom Wegesrand, kostbare Juwelen, die in unbekannter Umgebung noch strahlender leuchten. Wir teilen Gesten, Beobachtungen, Geschichten, wir lachen zusammen. Wir teilen die Fülle unserer Reiseerlebnisse. Es gibt so vieles, genug von allem und für jeden etwas.

Die Zeit, die wir zusammen haben, ist so kurz, zu kurz. Wir verabreden, in Verbindung zu bleiben. Wir hoffen, daß es uns gelingt. Wir tauschen Telefonnummern aus und E-Mail-Adressen. Wir tauschen Geschenke aus, Empfindungen und Freundschaft, Andenken an diesen Ort, an dem sich unsere Wege kreuzten. Wir teilen das Beste: unsere Träume. Wir sind dankbar für das kostbare Geschenk des Reisens.

Wir verabschieden uns und drehen uns noch einmal um, halten inne, um den Augenblick festzuhalten, ihn uns tief in unsere Seele einzuprägen. Welches Geschenk aus unserem Inneren lassen wir in der Seele jener zurück, die wir berührt haben?

Reiseziel Natur

Es gibt keine andere Tür zur Erkenntnis als die, die die
Natur uns aufhält; und es gibt keine andere Wahrheit als
die, die wir in der Natur entdecken.

LUTHER BURBANK

R eisen bringt uns der Natur näher. Bringt uns die
Natur näher. Ganz nah. Von Angesicht zu Angesicht. Hautnah.

Die Regenwälder Amazoniens. Einsame Aloen in der
Kalahari. An der Küste Grönlands vorbeitreibende Eis-
berge. Vom Wind aufgetürmte Sanddünen im Balti-
kum. Nilpferde im Okavango-Delta. Känguruhs im
australischen Outback. Ein Elch im Morgennebel am
Ufer eines Sees in Kanada.

Eine sanfte Brise. Drückende Hitze. Schwüle, die
den Schweiß aus allen Poren treibt. Taifune. Tropengewitter. Frische arktische Luft. Peitschende Winde.
Dunkle Wolken, die sich im Gebirge zusammenballen.
Sengende Wüstensonne.

Wir reisen durch die Natur. Reisen mit der Natur.
Wir entdecken die Kraft der Natur, ihre Großartigkeit.
Erleben sie in ihrer ganzen Schönheit und Wildheit. Sie
überwältigt uns. Sie macht uns glücklich.

Begegnungen für die Ewigkeit

Jede Reisebegegnung ist ein einzigartiges Ereignis, das kein zweites Mal geschehen kann.

JOHN KRICH

Eine außergewöhnliche Skyline. Eine Löwin mit ihren Jungen. Ein vollkommener Sonnenaufgang. Ein unvergeßlicher Sonnenuntergang. Auf ewig.

Nur wir beide. Unsere Gruppe. Ich allein. Vor einer malerischen Kulisse. Auf dem Markt. Die Wasserfälle im Hintergrund. Stolz auf dem Gipfel. Vor dem Springbrunnen, an dem wir uns zum ersten Mal sahen. Das Foto. Unwiderlegbarer Beweis, daß wir dort waren. Auf ewig.

Sie. Die wir besucht haben. Denen wir zugeschaut haben. Zu Hause. In der Arbeit. Beim Baden im Fluß. In einem Bretterverschlag Bananen verkaufend. Triumphierende Sieger eines Fußballspiels. In ihrem Alltag. So, wie wir sie gesehen haben. Wie wir sie festhalten. Wie wir sie in Erinnerung bewahren. Der Blick unserer Augen, die Bewegung unserer Hände. Auf ewig.

Auf Farb- oder Schwarzweißfilm. Auf Video. Auf Chip. In unserem Tagebuch. In unseren Notizen. Sorgfältig durchformulierte Sendschreiben aus der Ferne. Hastig hingekritzelte Postkartengrüße. Cybermail aus dem Jetzt. Auf ewig.

Wir verleiben unsere Erfahrungen dem Gedächtnis ein. Unserem Denken, unserem Herzen. Die Aufzeichnungen, Skizzen und Berichte unserer Reisen. Maßgebende, flüchtige Augenblicke unserer Reiseseele. Auf ewig.

Die Kraft der Natur

Hast du einmal reine Erhabenheit erblickt, neben der
nichts bestehen kann,
Bilderbuchkulissen in Hülle und Fülle,
Große, den Himmel berührende Berge im Glanz der
untergehenden Sonne,
Schwarze Schluchten, in denen Stromschnellen tosen?
Hast du einmal das Tal der Träume durchwandert, durch
das sich der grüne Strom zieht,
Die Weiten nach etwas Verlorenem durchstreift?
Hast du einmal deine Seele ans Schweigen geknüpft?
Dann geh um Himmels willen hin und tue es.
Höre auf die Herausforderung,
lerne die Lektion,
zahle den Preis.

JACK LONDON

Wir begegnen der Kraft der Natur, ihrer ehr-
furchtgebietenden Fülle und Vielgesichtigkeit.
Wir erfahren ihre Würde und Erhabenheit, ihre Pracht
und Vornehmheit. Ihre gewaltigen Dimensionen, Umfang, Höhe, Tiefe, Weite. Die Art und Weise, wie sie
die Zeit bestimmt. Ihre Unendlichkeit. Und Vergäng-
lichkeit. Den Geheimnissen der Zeit eine Bastion.

Wir erkennen die Gastlichkeit der Natur, ihre müt-
terliche Sorge. Sie gibt uns, was wir brauchen. Den er-
quickenden Schatten der Bäume. Ein wärmendes
Feuer. Eine Höhle, in der wir sicher übernachten kön-

nen. Klares Quellwasser. Frische Fische. Wir danken für das, was wir haben. Reichlich. Die fürsorgenden Hände der Natur. Das aufmerksame Auge des Reisens.

Die Natur läßt uns innehalten, bringt uns zum Nachdenken und dazu, das zu würdigen, was sie uns freundlich anbietet. Die Natur lehrt uns Achtung, Anerkennung, Liebe. Sie lehrt uns achten, anerkennen, lieben: den Lebensraum anderer, die Landschaften anderer, den Garten anderer. Die anderen. Unseren Lebensraum, unsere Landschaften, unseren Garten. Uns selbst. Natur ist Dankbarkeit.

Ganz besondere Plätze

Von dem flüchtigen Vergnügen, das eine grandiose
Aussicht vermittelt, hin zu dem gleichermaßen flüchtigen,
aber weit stärkeren Gefühl von Schönheit, das sich einem
urplötzlich auftut ... die Freude, die Luft, das Wasser und
die Erde zu spüren.

YI-FU TUAN

Ein Berggipfel. Eine verborgene Höhle. Ein ver-
wunschener Pfad. Eine Kapelle. Eine Kneipe.
Fleckchen auf der Erde. Fleckchen auf unserer Erde.
Ganz besondere Fleckchen. Unsere Fleckchen. Unsere
Lieblingsplätze.

Einst nichts als bloße Namen in einem Reiseführer,
Pünktchen auf einer Landkarte, unbekannte Zielorte
unserer Phantasie. Doch jetzt Realität, berührt, be-
schritten, erlebt. Magische Vorposten von Bedeutung,
bedeutsam geworden durch Erfahrung. Eingebettet in
unser Innerstes. Eingetragen in das Logbuch unseres Lebens. Bestandteil unseres Selbst.

Welcher unbekannte Punkt auf der Landkarte ruft
uns? Was ist es, was uns dorthin zieht? Wohin möchten
wir noch einmal zurückkehren? Was ist es, das uns lockt?

Plätze, die unsere neue Wirklichkeit bilden, Plätze,
die auf immer einen Platz in unserem Herzen haben,
ewige Verbindungen zu unserer Seele.

Viele neue Zuhause

Ich würde mein ganzes Leben auf Reisen verbringen, im
Ausland, könnte ich mir nur irgendwo ein anderes Leben
borgen, das ich im Anschluß daran zu Hause
verbringen kann.

WILLIAM HAZLITT

Wir haben die Erlaubnis haltzumachen, ein Gefühl für den Ort zu entwickeln, Mitglied einer
bestehenden Gemeinschaft zu werden. Klar erkennbare
feste Bezugspunkte in einem in ständigem Wandel befindlichen Leben. Wir stillen unser Bedürfnis nach Be-
ständigkeit. Zugehörigkeit.

Wir unterbrechen unsere Reisen. Für ein paar Tage.
Ein paar Wochen. Einen Monat. Sechs Monate. Ein
volles Jahr. Wir suchen uns Arbeit. Andere Arbeit. In
einer Bar. Als Englischlehrer. Tauch- oder Tennislehrer.
Wir besuchen eine Universität. Sprachkurse. Leisten
Arbeit als freiwillige Helfer. Wir tun, was wir noch nie
gemacht haben, was wir niemals zu tun gedacht hätten.

Wir nehmen uns Zeit, alles aufzunehmen, die Dinge
in uns wirken, nachklingen zu lassen. Fremde Landschaften, fremde Sprachen, fremde Kulturen. Wir haben Lieblingsplätze zum Einkaufen, zum Essen, zum
Trinken, zum Entspannen, zum Neue-Leute-Kennen-

lernen. Wir verwenden denselben Schlüssel, dasselbe Bett. Unser Bett, für die Zeit, die wir bleiben.

Was ist es, das uns an anderen Orten das Gefühl gibt, ein Zuhause gefunden zu haben?

Wir fühlen uns wohl. Dazugehörig. Man erkennt unser Gesicht. Man spricht uns mit Namen an. Teile ihres Lebens werden Teil des unseren. Freunde für mehr als einen Tag, mehr als eine Woche. Heimat. Unser Zuhause, für die Zeit, die wir bleiben. In unserem Herzen, für immer.

FREUDE

Spaß

Lachen und Lächeln sind Tor und Pforte, durch die viel
Gutes in den Menschen hineinhuschen kann.

CHRISTIAN MORGENSTERN

Jede Menge Spaß. Ganz einfache Vergnügen. Unterhaltung, Amüsement. Ausgelassenheit. Freudentaumel. Jux und Dollerei. Possen und Klamauk. Erholung, Lebenslust, Genuß. Spaß haben.

Das Unbekannte macht Spaß. Das Unsichtbare macht Spaß. Das Unversuchte macht Spaß. Das Unerwartete macht Spaß. Das Unerhörte macht Spaß.

Wir schmunzeln. Wir lachen. Wir kichern. Wir prusten los. Wir lachen Tränen. Wir können gar nicht mehr aufhören zu lachen. Etwas amüsiert uns. Wir amüsieren uns. Wir amüsieren uns über andere. Andere amüsieren sich über uns. Spaß ist Spitze.

Spaß macht Spaß. Sensationellen, sagenhaften, spektakulären, spannenden, spielerischen, spendierlaunigen, sprunghaften, spukhaften, speziellen, spirituellen, sprühenden, sprachlosen, spleenigen, spritzigen, spontanen Spaß.

Essen

Mäßigung ist eine verhängnisvolle Sache, denn nichts ist
so erfolgreich wie der Exzeß.

OSCAR WILDE

Reisen heißt Essen. Ganz ohne Frage. Leckere, üp-
pige, schmackhafte Gerichte. Speisen, die einem
das Wasser im Mund zusammenlaufen lassen. Köstlich-
keiten aus aller Herren Länder. Denk- und erinne-
rungswürdige Mahlzeiten.

Unmengen frischer Pasta und zahllose Gläser selbst-
gekelterten Weins mit Freunden in einem idyllischen
italienischen Bergdorf. Gegrillte Fleischspieße am Stra-
ßenrand auf der ostafrikanischen Insel Lamu. Dim
Sum in Hongkong. Cape-Malay-Biboutie in Südafrika.
Crêpes in der Bretagne. Bananenpfannkuchen in Ugan-
da. Kräftig gewürztes Rauchfleisch in Montreal. Yak-
Butter-Tee mit unserem Sherpa im Himalaja.

Reisen heißt ganze Tage mit Schlemmen zubringen.
Abendessen in einem winzigen Lokal irgendwo im Nir-
gendwo. Zum-Essen-Eingeladensein bei Leuten, die
wir gerade erst kennengelernt haben. Gieriges Rein-
hauen am üppigen Frühstücksbüfett eines Hotels. Ein

Picknick aus Baguette, Käse und Wein zwischen den Lavendelfeldern Südfrankreichs. Über einem Lagerfeuer gegrillte Hot dogs.

Erinnerungen an das sonderbarste Essen, das wir je vorgesetzt bekamen, an die exotischste Delikatesse, das am hungrigsten ersehnte Mahl. Hier und dort gesammelte Rezepte, die wir zu Hause nachkochen wollen.

Ein schneller Happen auf dem Weg zum nächsten Ziel. Essen im Flugzeug. Essen im Zug. Essen auf einer Kreuzfahrt. An Autobahnraststätten. Essen, das wir lieber nicht gegessen hätten, aber einfach probieren mußten. Gut oder schlecht. Reisen heißt Essen.

Musik

Unser Spiel heißt Leben.
LOUIS ARMSTRONG

Übersetzbare Rhythmen einer internationalen Sprache. Bewegend. Aufrüttelnd. Feierlich.

Ein Beduine beim Flötenspiel vor einem roten Sandsteintempel in Petra. Mitternachtsmesse in einem kleinen Dorf in den Anden. Der monotone Singsang der Mönche. Ein Broadway-Musical. Chorprobe in Saint Paul's Cathedral in London. Nächtliches Grillenzirpen. Ein Leierkastenmann in Krakau.

Improvisierte Lieder an einem Lagerfeuer in Sansibar. Drei Afrikanerinnen, die im Licht des Vollmonds christliche Choräle anstimmen. Dilettantische Stimmbandverrenkungen in einer Tokioter Karaokebar.

Klänge, die den Eindruck unterstreichen, den uns Orte vermitteln. Tröstlich. Beruhigend. Erquickend. Unsere eigenen, tragbaren Stimmungen, Walkman-Momente, während wir aus dem Fenster des überfüllten Busses starren, unterwegs zum nächsten Dorf. Oder auf Deck, wenn der Blick weit übers Meer geht.

Wieder zu Hause, haben wir Weisen der Einheimischen im Ohr, die uns jederzeit zurückbringen zu den Orten, an denen wir sie hörten, die unsere Sehnsüchte stillen und unsere Seele entführen.

Musik von der Straße und für die Straße. Von unterwegs für unterwegs. Melodien, die verschmelzen, versenken, fesseln. Rhythmen, die widerhallen, in uns und in der Zeit.

Abenteuer

Es gibt Risiken, die man sich nicht erlauben darf
einzugehen, und es gibt Risiken, die man sich nicht
erlauben darf nicht einzugehen.

PETER DRUCKER

Basislager. Sonnenaufgang am Kraterrand eines un-
tätigen Vulkans. Der letzte Tag einer Zwölf-Tage-
Trekking-Tour. Die erregenden Sekunden freien Falls,
bevor das Bungee uns himmelwärts schießen läßt.

Kopfunter die letzte Stromschnelle passieren. Den
Rucksack über Kopf balancierend einen Fluß durch-
queren, der Hochwasser führt. Nervös zuschauen, wie
unser Basotho-Pony seinen Weg über einen schmalen,
steinigen Gebirgspfad sucht. Sich an der glitschigen
Stirnseite eines Wasserfalls entlanghangeln.

Zu Fuß durch die Sahara. Mountainbiking in Korea.
Tauchen vor der kubanischen Küste. Heißluftballonfah-
ren über der Wüste Namibias.

Wir streben an, was unseren Geist am meisten er-
frischt, was uns die größte Befriedigung verschafft. Was
unserer Leidenschaft am nächsten kommt. Was uns auf
den Weg zu uns selbst bringt. Was das Beste in uns zum
Vorschein bringt.

Adrenalinrausch. Körperliche Belastungsprobe. Mentale Herausforderung. An seine Grenzen gehen. Versuchen, die eigenen Grenzen zu überwinden. Sich selbst überwinden. Verwegenheit. Nervenkitzel. Gleichgewicht. Bewältigung. Leistung. Freudige, atemberaubende Leistung. Abenteuer.

Romantik

Reisen scheint alle Gefühle zu intensivieren.

PETER HØEG

Romantische Vorstellungen von fernen Orten, fremden Menschen. Eintauchen in das Unbekannte, das nie Gesehene, das noch nicht Erlebte. Mysterium, Phantasie, Erregung. Abenteuer des Herzens.

Liebesbeziehungen. Auf der Straße, in der Luft, auf dem Wasser. Rendezvous auf Reisen. Reizvoll, leichtsinnig, gewagt. Bezaubernde Begegnungen verliebter Seelen. Unvergängliche Momente vergänglicher Liebe. Unser Lieblingsplatz. Unser Lieblingslokal. Unser Lieblingszimmer in diesem Hotel. Erfüllte Träume. Tagebucheinträge. Augenblicke kostbarer Gefühle.

Vermächtnisse der Liebe. Langlebige Leidenschaften. Neu entflammt durch die Romantik des Reisens. Herrliche Hingabe. Wiederentdeckt an Bord eines Schiffes. Unter der Sichel des Mondes. In Nächten trunken von Wein und Freiheit. Auf einer Fahrt durch das abendschwüle Saigon. Die zauberhafte, magische Fülle des reisenden Herzens.

Gelassenheit finden

Genau wie Wasser, das Himmel und Bäume nur dann
klar widerzuspiegeln vermag, wenn seine Oberfläche
ruhig ist, kann auch der Geist nur dann das wahre Selbst
reflektieren, wenn er entspannt und ungestört ist.

INDRA DEVI

Eine Verschnaufpause, dringend benötigt im Reise-
alltag. Ein Quentchen Ruhe in unserer aufgewühl-
ten See der Veränderung. Ein Stückchen Gelassenheit
finden. Frieden.

Geheiligte Refugien des Reisenden. Eine abgelegene
Parkbank. Die Kühle des Klosterbodens unter unseren
nackten Füßen. Psalmen und Choräle. Die feierliche
Stille eines Friedhofs. Frieden.

Fern von allem Verkehr, vom pulsierenden Leben.
Fern von den Menschen. Der Lärm verstummt. Stätten
der Zuflucht, Oasen der Ruhe und Reflexion. Orte der
Kontemplation. Sichere, schützende Häfen für unsere
Seele. Frieden.

Eine Auszeit nehmen

**Die meisten meiner kostbaren Reiseerinnerungen
knüpfen sich an Momente ruhigen Dasitzens.**

ROBERT THOMAS ALLEN

Wir legen eine Rast ein. Eine Entspannungspause. Zur Erholung. Zur Regeneration. Zur Stärkung. Erquickung, Belebung, Labung. Wir atmen tief durch.

Wir schlendern ziellos durch ein winziges Dorf. Schlafen am Strand, ganz unbeschwert. Verbringen einen ganzen Tag in einem Straßencafé, trinken Kaffee, beobachten Passanten. Das Leben am Ort. Andere Reisende, die rastlos weiterziehen. Verbringen einen Nachmittag, einen ganzen müßigen Nachmittag mit Nichtstun. Tun absolut gar nichts.

Wann haben wir das letzte Mal eine Auszeit genommen? Ein paar Stunden, einen Tag, eine Woche lang. Einen ganzen Urlaub ohne festes Programm. Ein Meer von leeren, unglaublich faulen Tagen und Nächten. Zeit, wieder ins Gleichgewicht zu kommen. Zeit, neue Kraft zu schöpfen. Zeit zum Nachdenken. Zeit zur Neubestimmung. Herrliche, rückhaltlose Auszeit.

Reisen ist Begeisterung

Ich wäre lieber ein strahlender Meteor, jedes Atom von
Leuchten erfüllt, als ein schläfriger und ruhiger Planet. Die
Bestimmung des Menschen heißt leben, nicht existieren.

JACK LONDON

Reisen belohnt uns mit Schlüsselerlebnissen, mit
Erfahrungen von unglaublicher Intensität, voller
Inbrunst, Begeisterung, Leidenschaft. Wundersame
Momente der Ewigkeit und Ekstase. Zeiten der Selbst-
vergessenheit, des Loslassens, der völligen Hingabe. Begegnungen, die uns fesseln, entflammen und trunken
machen.

Ereignisse, die uns entzücken, hypnotisieren, hin-
reißen. Die uns verzaubern. Begebenheiten, die uns
verblüffen, überwältigen, taumeln machen, uns den
Atem verschlagen. Leistungen, die Kraft geben. Unvergängliche Erinnerungen. Einzigartige Augenblicke des
Glücks, der Versuchung und Verführung, in denen das
Leben sich selbst feiert.

Halten wir diese Sekunden fest, diese Minuten, die
Stunden und Tage unseres Lebens, unserer Reisen. Sie
sind bleibende Höhepunkte unseres Seins.

HERAUSFORDERUNG

Das Glück der Ungewißheit

Alles ist möglich, und so gut wie nichts ist sicher.

VÁCLAV HAVEL

Wir lösen uns von der Alltagsroutine, lassen die bekannte Umgebung hinter uns. Wir verlassen unseren heimischen Orbit und stoßen in unerforschte Welten vor. In unerforschte Dörfer und Städte. Unerforschte Wälder und Küstenstriche. Unerforschte Gemeinschaften und Sprachen. Unerforscht bis jetzt.

Wir machen uns auf, die Ungewißheit zu erkunden, mitsamt all den Überraschungen, die sie birgt. Wir erwarten das Unerwartete. Wir tasten uns durch Möglichkeiten vor, treten durch offene Türen. Auf der anderen Seite – Freiheit.

Blockaden und Beschränkungen fallen, während wir auf neue Grenzen zueilen. Die Grenze der Freiheit zieht uns magisch an. Es lockt die Freiheit. Die Freiheit der Ungewißheit.

Freude am Ungezähmten

Eine Reise ist wie eine Ehe. Am sichersten irrt sich, wer meint, alles im Griff zu haben.

JOHN STEINBECK

Wir kennen die Straße nicht, die vor uns liegt. Wir können sie nicht kennen. Gleichgültig, wie genau wir geplant, wie penibel wir uns vorbereitet haben, wie gut wir organisieren und koordinieren können – es ist nicht möglich vorauszusehen, was eine Reise uns bringen wird.

Wir freuen uns auf das, was sich unserer Kontrolle entzieht. Wir sind gespannt auf das, was in unserer Macht steht, und respektieren das, was unbeeinflußt davon passiert. Wir lassen dem Unkontrollierten seinen Lauf. Wir erheben uns nicht gegen das Ungezähmte. Vielmehr empfangen wir, was es für uns an Überraschungen bereithält. Preisen, was es uns offenbart. Wir schätzen seine ständige Präsenz, die Vorhersehbarkeit des Unvorhersehbaren. Wir akzeptieren es als Teil unserer Erfahrung und unterwerfen uns seiner Realität. Es bringt dem Reisenden Erleuchtung, Rettung.

Was auf dem Spiel steht

Erfahrung ist etwas, was man nicht umsonst bekommt.

OSCAR WILDE

Wir bereiten uns auf das Unerwartete vor. Dann geschieht das Unerwartete, und wir haben es nicht erwartet. Wir fordern Fortuna heraus, unser Schicksal und unser Glück. Wir überschreiten die Linie des Sicheren und Vertrauten. Wir gehen Risiken ein, nichts mehr mit Nummer Sicher, wir setzen unser Geld, unser Glück auf den nächsten Schritt, auf die nächste Weggabelung.

Was ist das Riskanteste, was wir jemals auf Reisen gemacht haben? Das Gefährlichste? Das Peinlichste, was uns widerfuhr? Das Riskanteste, was wir uns *vorstellen* können?

Wir überschreiten die Grenzen von Kulturen, Gebräuchen und Ritualen. Wir mißverstehen, mißdeuten, mißachten. Wir schlußfolgern, spekulieren, mutmaßen. Wir erstreben Glaubwürdigkeit, Akzeptanz. Wir wägen Wahrscheinlichkeiten ab, Möglichkeiten und Potentiale.

Wir lernen, wir wachsen, wir blühen in einer Welt voller Hoffnung und Versprechen. Wir vertrauen. Wir lachen. Wir beugen uns. Wir wissen, was auf dem Spiel steht. Und wir akzeptieren das Risiko, unseren Einsatz zu verlieren.

Widrigkeiten

Es geht darum, sich zu bewegen, die Notwendigkeiten
und Schwierigkeiten des Lebens aus nächster Nähe zu
erleben; das weiche Federbett der Zivilisation zu
verlassen und auf den harten Boden der Realität zu
kommen, der bekanntlich aus Granit ist und dazu mit
spitzen Steinen übersät.

ROBERT LOUIS STEVENSON

Oft kommt es anders als erwartet. Unbehagen, Einsamkeit, Enttäuschung, vielleicht sogar eine
scheinbare Katastrophe. Anders, als wir es erhofft und
erwartet haben, aber nicht unbedingt anders, als es
kommen soll. In jenem Augenblick des Reisens.

Wie Ölsardinen in einem Bus. Das Bett zu hart. Das
Bett zu weich. Kein warmes Wasser. Überhaupt kein
fließendes Wasser. Das Zugabteil überfüllt. Das Zimmer
dreckig. Das Hotel zu laut. Die verdammten Moskitos
die ganze Nacht über. Wir vermissen unsere Freunde,
unsere Familie.

Mißverständnisse. Verpaßte Züge. Verpaßte Gelegenheiten. Flüge mit Verspätung. Eisenbahnerstreik.
Über den Haufen geworfene Pläne. Warten. Und noch
länger warten. Der verzweifelte Versuch, wenigstens ein
bißchen Schlaf zu ergattern, während wir auf die An-
schlußverbindung warten. Es ist kälter als angenommen.
Heißer als gedacht. Nässer als befürchtet. Durchfall.

Ruhr. Hautausschlag. Die Mannigfaltigkeit der Reisekrankheiten. Dinge, die anscheinend nur passieren, wenn man unterwegs ist.

Betrachten wir Widrigkeiten als Herausforderung oder als etwas, dem man nach Möglichkeit aus dem Weg gehen sollte? Was war das schlimmste körperliche Unglück, das uns auf einer Reise widerfuhr? Die größte mentale Belastung? Wie sind wir damals damit umgegangen? Wie sind wir damit fertig geworden? Damals, in jedem Augenblick des Reisens?

Wir möchten irgendwo anders sein. Überall. Egal wo. Nur nicht hier. Wir denken an etwas Schönes, um uns abzulenken, um unseren Schmerz zu lindern, um das Dilemma erträglicher zu machen. An unsere Lieblingsspeise, unsere liebsten Menschen, unseren Lieblingsplatz, unser wärmstes Kleidungsstück. Wir denken an bessere Zeiten. Wir denken an schlimmere Zeiten.

Wir rufen uns den Zweck unseres Hierseins ins Gedächtnis. Wir verdrängen negative Gedanken und Zweifel. Konzentrieren uns darauf, es durchzustehen. Widrigkeiten sind unsere Lehrmeister. Widrigkeiten sind Abenteuer. Wir blicken zurück und lachen darüber. Wir betrachten jene Odyssee, jeden Moment der Herausforderung als Erfahrung, als Bereicherung.

Immer vorwärts

Nicht der Weg ist die Schwierigkeit; die Schwierigkeit ist der Weg.

SØREN KIERKEGAARD

Reisen heißt, Lösungen für Probleme zu finden, mit denen wir nicht konfrontiert worden wären, wären wir zu Hause geblieben. Kummer und Sorgen und Entbehrungen des Reisenden. Momente, die wir als Rückschläge empfanden, heute aber als Bereicherung und Gewinn, als Schritte nach vorn erkennen.

Wir holen tief Luft und legen die Karten auf den Tisch, die Karten unserer Reise. Unsere Karten. Wir versuchen, sachlich zu bleiben. Uns auf die gegenwärtigen Umstände zu konzentrieren und von hier aus weiterzugehen. Zu wachsen. Wir haben ein klares Ziel vor Augen. Die Dinge laufen, wie sie laufen sollen. Wir gehen weiter. Immer vorwärts.

Wir sammeln unsere Kräfte. Voller Zuversicht. Beharrlich. Hartnäckig. Entschlossen. Vorwärts. Wir genießen die Herausforderungen auf unseren Reisen.

Auf in Richtung Zuversicht

Der Mensch kann nur lernen, wenn er das Bekannte
zurückläßt und ins Unbekannte vorstößt.

CLAUDE BERNARD

Je mehr wir reisen, desto mehr *reisen* wir. Erleben das
Unbekannte, bis es nicht mehr unbekannt ist. Erfah-
rung ersetzt das Zaudern. Erfahrung verdrängt die
Furcht. Vorsicht geht in Zuversicht über. Glauben und
Vertrauen werden stärker, dank der Kraft des Reisens.

Vergessen sind unsere Zweifel, unsere Vorbehalte,
unsere Bedenken bezüglich des Reisens. Vorbei sind die
Ängste, die immer dann auftauchen, wenn es gilt, das
Bekannte zugunsten des Unbekannten, des noch nicht
Bekannten zu verlassen.

Wir sind ungebunden, frei von Angst. Voller Ent-
schlußkraft. Wir reisen in Richtung auf unsere Ängste
und mit unseren Ängsten. Wir gewinnen Kraft daraus,
uns mit unseren Grenzen, unseren Ängsten zu konfrontieren, vorzustoßen ins Kernland der Zuversicht.

Reisen bringt uns voran

Mut heißt der Angst widerstehen, die Angst in den Griff
bekommen – nicht die Abwesenheit von Angst.

MARK TWAIN

Reisen entzieht uns die Kontrolle, deckt unsere
Schwächen auf. Schmerzlich werden wir uns unserer Verwundbarkeit bewußt. Wir sind arglos, naiv.
Blauäugig durchstreifen wir die Dunkelheit des Unbekannten. Wir fühlen uns einsam, verloren, desorientiert.

Reisen zwingt uns, die Kluft zu überwinden. Wir
müssen das Geheimnisvolle erkunden, uns unseren
Ängsten stellen, Abgründe überbrücken.

Reisen gibt uns Kontrolle, bringt unsere Stärken ans
Licht. Siegessicher werden wir uns unserer Unbezwing-
barkeit bewußt. Wir sind weise, bewandert. Weltge-
wandt bewegen wir uns im Licht des Bekannten. Wir
sind unter Freunden, wissen genau, wo wir stehen.

Reisen läßt Quellen des Wissens sprudeln. Es schenkt
uns Einsichten und Stärke. Reisen bereichert uns, indem es uns auf die gefahrvolle Fahrt schickt, fort von
Ängsten und Widerstand, hin zu Vertrauen und Hingabe. Reisen bringt uns voran.

EINSICHTEN

Vorstellung und Wirklichkeit

Der Nutzen des Reisens besteht darin,
die Phantasie mittels der Realität zu regulieren
und anstatt sich vorzustellen, wie etwas sein könnte,
dieses so zu sehen, wie es tatsächlich ist.

SAMUEL JOHNSON

Wir reisen, und unvermittelt gewinnen Orte, die vorher nur in unserer Vorstellung existierten, Substanz und Präsenz. Menschen, Ortschaften, Namen und Zahlen erlangen Bedeutung. Fakten werden relevant. Bloße Information wandelt sich zu Erfahrung, Reife und Einsicht.

Mit dem Augenblick der Ankunft setzt eine Wirklichkeit ein, die Vorstellung nimmt Gestalt an. Eine neue Version dessen, was ist. Eine Wirklichkeit, die wir (be)greifen und (an)fassen können. Nicht mehr fertig verpackt, sondern organisch gewachsen. Erwachsen aus unseren Erfahrungen, dringt sie in unser Innerstes. Überflutet unsere Welt mit Gefiltertem und Ungefiltertem, Reinem und Unreinem. Alles wird verdaut, umgewandelt in etwas, das wir zu verstehen vermögen.

Neue Orte und neue Menschen. Einst nur in unserer Vorstellung. Jetzt hier. Direkt vor uns. Selbst erfahren. Selbst erlebt.

Schätze der Vergangenheit

Athen besucht zu haben gibt einem Manne gewiß das,
was Swift »unsichtbare Überlegenheit über seine
Mitmenschen« genannt hat.

SIR EDWARD MARSH

Wir absorbieren Sehenswürdigkeiten. Antike
Stätten, moderne Attraktionen. Wir erkunden
sie. Bedeutsame Orte. Interessante Orte. Museen. Park-
anlagen. Heiligtümer. Kirchen. Denkmäler. Ausgra-
bungsstätten.

Nach was suchen wir auf unserer historischen Erkun-
dungsfahrt? Welcher Ort versetzt uns am vollständig-
sten in eine andere Zeit zurück?

Scheidewege der Kulturen. Relikte der Menschheit.
Reste von uns. Hüter unserer Triumphe und unserer
Tragödien. Des Besten, was die Menschheit zu bieten
hat. Der Grenzen des Machbaren. Hüter unserer Sou-
veränität. Unserer Größe. Unserer Vergangenheit, die
wir kennen, erkennen, anerkennen. Die wir in der Gegenwart besuchen. Und für die Zukunft verstehen und
bewahren.

Erfahrungen

Erfahrung ist nicht das, was einem Menschen widerfährt.
Erfahrung ist, was er aus dem macht, was ihm
widerfährt.

ALDOUS HUXLEY

Wir begegnen, berühren. Wir lieben, knüpfen Bekanntschaften, schließen Freundschaften. Wir lachen, spielen, genießen. Wir lauschen, kommunizieren, lernen. Wir ertragen, beharren, fahren fort. Unsere Erfahrungen sind unsere Freude, unsere Bildung, unser Schatz. Reisen heißt Erfahrungen sammeln, Erfahrungen kumulieren, Erfahrung auf Erfahrung schichten. Die Erfahrung des Reisens ist unser Zyklus. Der Zyklus ist unsere Erfahrung.

Erfahrung zeugt Einsicht. Einsicht trägt Weisheit in sich. Einsicht und Weisheit liegen in Erfahrungen begründet, den körperlichen, geistigen, seelischen und sinnlichen Erfahrungen des Reisens. Welche unserer außergewöhnlichen Reiseerfahrungen erscheint uns am kostbarsten? Welche möchten wir am wenigsten missen? Was ist der größte Gewinn, den wir aus unseren Reiseerfahrungen zu ziehen vermögen?

Den eigenen Rhythmus finden

Nicht Menschen machen Reisen; Reisen macht
Menschen.

JOHN STEINBECK

Unterwegssein birgt eine Eigendynamik. Es liefert Impulse, gibt Schwung, Elan, Kraft. Reisen bringt uns voran. Je mehr wir reisen, desto größer die Kraft. Reisen vermittelt Enthusiasmus, Vitalität, Begeisterung und Lebensfreude. Reisen besitzt eine eigene Energie, eine Energie, die süchtig macht und immer weiter vorwärts drängt. Reisen treibt uns an, neue Erfahrungen zu machen. Bringt uns dazu, uns in andere Menschen zu versetzen, uns nach deren Rhythmus zu richten. Wir leben nach ihrem Zeitplan, teilen ihr Zeitgefühl. Schnell. Langsam. Rascher. Gemächlicher. Sie geben das Tempo vor. Wir folgen ihrem Rhythmus.

Wir folgen dem Rhythmus der Tageszeiten. Dem Rhythmus der Straße. Dem Rhythmus der Stadt. Dem Rhythmus der Natur. Wir folgen unserem eigenen Rhythmus. Unserem eigenen natürlichen Turnus.

Die volle Bandbreite

Reisen tun dasselbe wie gute Schriftsteller – sie plazieren den Alltag wie ein Bild in einen Rahmen oder wie ein Schmuckstück in eine Vitrine, damit die ihm eigene Schönheit besser zur Geltung kommt. Reisen tun dies mit all den Kleinigkeiten, aus denen der Alltag besteht, und verhelfen ihnen so zu eigener Daseinsberechtigung, erheben sie gleichsam zu Kunstwerken.

FREYA STARK

Weit weg von unserer Alltagsroutine gewinnen selbst scheinbare Alltäglichkeiten einen neuen Stellenwert. Wir erleben die Ereignisse jedes Tages bewußter, sind uns ungleich mehr darüber im klaren, was wir mit jedem Tag anfangen wollen.

Wir erkennen unsere Gewohnheiten. Wie wir normalerweise schlafen, wie wir üblicherweise essen. Wie, wann und wo. Was wir tun. Und was wir nicht tun.

Der Bequemlichkeiten des eigenen Heims beraubt, entdecken wir die Fülle von Möglichkeiten, die das tägliche Leben bietet. Wir entdecken, was wir mögen und was wir nicht mögen. Was uns gefällt und was uns mißfällt. Was fehlt uns am meisten?

Wir entdecken das Potential zum Wandel, zu Veränderungen. Was möchten wir am ehesten ändern? Wir entdecken die volle Bandbreite der Möglichkeiten, die der Alltag bereithält. Wir genießen die Freiheit, unseren Tagesablauf nach Belieben zu gestalten.

Beobachtungen

Die Erde gehört jedem, der sich einen Augenblick Zeit
nimmt und sich umschaut, bevor er seinen Weg fortsetzt.

COLETTE

Wir sind nicht vertraut mit den Orten, die wir besuchen. Wir dringen in den Alltag derer ein, die
wir besuchen. Wir beobachten sie aus einer gewissen Distanz heraus, und uns fallen Dinge auf, die sie selbst vielleicht gar nicht bemerken. Wir sind ganz Auge und Ohr.

Wir verlegen uns auf ungewöhnliche Verständi-
gungshilfen. Die Präzision unserer Beobachtungsgabe
überrascht uns. Wir lesen in der Seele der Menschen.
Wir verlassen uns auf Signale der Körpersprache, flüchtige Gesten, auf die Aura, die einen Menschen, einen
Ort umgibt.

Wir sind gezwungen, spontane Urteile zu fällen,
ohne daß wir dazu mehr an der Hand hätten als ein paar
aufschlußreiche Beobachtungen. Möglicherweise haben
wir recht. Möglicherweise liegen wir aber auch total da-
neben. Aber wir vergeben uns. Man vergibt uns. Man
zeigt Verständnis. Man versteht uns. Und wir versuchen
unsererseits zu verstehen.

Was ist am schwierigsten ohne Worte zu vermitteln? Wann haben wir das letzte Mal sehr wenig gesagt und sehr viel verstanden?

Wir sind dankbar für unsere Beobachtungsgabe. Wir schätzen die Kommunikationswege des Reisens. Wir meistern die Probleme.

Dieses oder jenes

Wohin der Mensch auch zieht, immer bleibt er an
seinesgleichen gekettet.

ALEXANDER KINGLAKE

Wir halten Ausschau nach Vertrautem. Wir stellen
Vergleiche an. Wir suchen Parallelen und finden
Gegensätze. Wir konfrontieren und kontrastieren. Wir
wägen ab. Wir unterscheiden. Nahrungsmittel, Orte,
Menschen, Gerüche, Aromen, Naturphänomene.

Dies ist besser. Das war besser. Dies schmeckt intensiver, duftet stärker. Das ist hübscher, wärmer, angeneh-
mer, freundlicher, größer, großartiger, eindrucksvoller.

»Das ist genau wie ...« »Das ist einmalig.« »Das kann
doch nicht wahr sein!« Etwas gefällt uns. Etwas mißfällt
uns. Wir tun unsere Vorlieben und Abneigungen kund.

Wir kommen dem uns angeborenen Trieb nach, Verständnis zu finden. Wir versuchen, Ordnung, eine Art
System zu bringen in jene Flut von Informationen, der
wir ausgesetzt sind. Nach dem Leitstern des Bekannten
zu suchen, des uns Bekannten, uns Gewohnten. Ganz
einfach gesagt, zu vergleichen: dieses oder jenes.

Verblüffende Verwandtschaft

Ich bin ein Weltbürger.

SOKRATES

R eisen bringt unser kollektives Sein zum Vorschein. Wir sind höchst erstaunt über die Affinität
aller Menschen. Wir erkennen die Bedürfnisse, Sehnsüchte und Wünsche, die uns allen gemein sind. Unsere
Freuden und unsere Wonnen. Unsere Lieben und unsere Rituale. Unsere Sorgen und unser Leid. Unsere
Trauer und unseren Schmerz. Unsere Hoffnungen und
Träume. Unsere Anstrengungen und Ängste.

Welche menschlichen Eigenschaften sind am univer-
sellsten? Welcher Aspekt unserer Kollektivseele schenkt
uns die größte Zufriedenheit? Welcher bereitet uns die
meisten Sorgen? Wir bewegen uns hinaus aus unserer
kleinen Welt, hinein in die große weite Welt, und wir
erkennen, daß die große weite Welt genaugenommen
eine sehr, sehr kleine Welt ist. Reisen bietet uns Einblick
in die Brüderlichkeit der Menschen, die Mannigfaltigkeit unserer Spezies. Unsere Verwandtschaft. Unsere
Verbundenheit.

Diskurs der Extreme

Ich weiß nur soviel, wie ich gelebt habe.
RALPH WALDO EMERSON

Reisen bringt das Allerbeste und das Allerschlechteste zum Vorschein. Es zeigt uns die dunkelsten Seiten und die strahlendsten. Auf Reisen begegnen uns unbeschreibliche Pracht und bitterste Armut, unerhörter Luxus und himmelschreiendes Elend oft in allernächster Nachbarschaft. Wir werden Zeugen extremer Unbarmherzigkeit. Grausamkeit fesselt unseren Blick. Reisen zeigt uns die nackte Wahrheit, das ungeschminkte Leben.

Bilder des Allerbesten kommen uns in den Sinn. Und dann des Allerschlimmsten. Bilder und Erfahrungen.

Schönheit erwartend erleben wir Schmerz. Schmerz erwartend begegnet uns Schönheit. Wir erleben die Extreme des Reisens. Wir versuchen, diese Extreme zu verdauen, zu verarbeiten und zu verstehen. Wir begrüßen den Diskurs des Reisens. Den Diskurs des Lebens.

WACHSTUM

Alles fließt

Das Leben, das noch keiner Prüfung unterzogen war, ist nicht lebenswert.

PLATO

Wir sind auf Veränderungen vorbereitet. Wir sind aufgeschlossen gegenüber Abwechslung, offen für die grandiose und faszinierend bunte Melange, die die Menschheit verkörpert. Reisen sorgt dafür, daß wir alles immer wieder neu taxieren, uns selbst immer wieder in Frage stellen.

Was früher Gesetz war, wird bloße Richtlinie. Was einst Richtlinie war, wird eine Möglichkeit, eine Möglichkeit unter vielen. Pläne ändern sich, Menschen ändern sich, wir ändern uns.

Nachgiebige Unnachgiebigkeit. Beugsame Unbeugsamkeit. Starrheit, die ihren erstickenden Würgegriff lockert. Festigkeit weicht Flexibilität, Freiheit. Wir öffnen uns. Wir geben nach. Ergeben uns. Wir sind offen, offen für unsere Reisen. Offen für andere. Offen für uns selbst.

Neue Wege

Wenn wir immerfort ankommen und abreisen, sind wir
doch gleichzeitig immer fest verankert. Denn das Ziel ist
niemals ein Ort, sondern immer eine neue Art und
Weise, die Dinge zu sehen.

HENRY MILLER

Reisen verändert die Art und Weise, wie wir denken, wie wir reden, wie wir lachen. Die Art und
Weise, wie wir essen, wie wir mit anderen umgehen,
wie wir leben. Reisen verändert unsere Lebensweise.
Unser Leben.

Wir erfahren, daß es viele verschiedene Glaubensleh-
ren gibt, viele unterschiedliche Denkansätze und Be-
trachtungsweisen. Wir lernen anderen Menschen und
anderen Kulturen vertrauen. Wir erkennen, daß es
noch andere Möglichkeiten der Lebensführung gibt
und daß es, so zufrieden wir auch mit dem uns Vertrauten sein mögen, ungeheuer faszinierend sein kann, andere Lebensentwürfe, fremde Sitten und Gebräuche zu
entdecken.

Was auf den ersten Blick bizarr, ja vielleicht gar uner-
träglich erscheint, wird vertraut, akzeptabel. Wir lernen
das Eigentümliche schätzen, das Unkonventionelle. Wir
finden Freude an der Vielfalt fremder Konventionen

und Traditionen, Gepflogenheiten und Umgangsfor-
men. Wir ergötzen uns an der Vielgesichtigkeit der
Menschen, die auf Reisen unseren Pfad kreuzen und
uns neue Wege aufzeigen.

Neueinschätzung

Reisen ist mehr als das Besichtigen von
Sehenswürdigkeiten; es ist ein tiefgreifender Wandel,
dem wir uns unterwerfen, ein fundamentales Umdenken
in bezug auf das Leben.

MIRIAM BEARD

L ange hochgehaltene Werte und Überzeugungen
werden angesichts einer Fülle neuer Reize und Erkenntnisse einer Prüfung unterzogen. Wir sind gezwungen, unsere Vorstellung davon, was falsch und was
richtig ist, was machbar ist und was nicht, aus einer
neuen Perspektive zu betrachten.

Wir bringen unterschiedliche Meinungen in Einklang. Wir revidieren unsere Einschätzung anderer. Wir
tragen unseren neugewonnenen Einsichten Rechnung.
Wir überdenken unsere Lebensauffassung, unsere Le-
bensphilosophie. Basierend auf der größeren, geschlos-
seneren Weisheit unserer Reisen entwickeln wir eine
neue Haltung.

Reisen macht frei

Mitunter stellt sich plötzlich die Erkenntnis ein, daß man die Welt nicht unbedingt so erfahren muß, wie man es gesagt bekommen hat.

ALAN KEIGHTLEY

Wir sind gelöst von den Erwartungen unseres Zuhauses, von den Erwartungen, jemand und etwas Bestimmtes zu sein. Entbunden von den Zwängen und Verboten, die auf den ersten Blick Normalität zu repräsentieren scheinen, uns in Wahrheit jedoch von vielem abhalten. Uns fernhalten von einer Welt unzähliger Möglichkeiten, fernhalten von den ungezählten anderen Ichs, die wir sein könnten.

Wer sind die möglichen Ichs? Geben wir uns selbst Gelegenheit, unseren potentiellen Ichs zu begegnen?

Reisen liefert uns neue Bezugspunkte, setzt ungeahnte Möglichkeiten frei. Wir identifizieren uns mit unserer Reiseroute, der Landkarte unserer Fahrt, dem Verlauf unserer Streifzüge. Wir sind, von wo wir kommen, wo wir sind und wohin wir fahren. Wir sind ein neues Ich. Wir sind frei. Wir umarmen unser neues, mögliches Ich. Wir ergreifen die Möglichkeit eines neuen Ich.

Reinen Tisch machen

Ich hatte mich nicht verirrt. Ich wußte nur einfach ein paar
Wochen lang nicht, wo ich war.

JIM BRIDGER

Reisen erlaubt uns, uns unterwegs zu verlieren,
nichts und niemanden zu kennen. Reisen ermög-
licht es uns, unsere Bürde loszuwerden. Wir machen
reinen Tisch. Alles, was uns in unserem Alltagsleben be-
lastet, bleibt zurück.

Fühlen wir uns wohl in dieser neuen Freiheit? Oder
macht sie uns angst? Sind wir fähig, uns frei und ungebunden in der Schwerelosigkeit des Reisens treiben zu
lassen? Was hält uns auf? An was klammern wir uns
noch?

Wir fangen von vorne an. Wer sind wir? Finden wir
es heraus. Entdecken wir uns selbst. Langsam. In aller
Ruhe. Wer wir sind, wer wir sein wollen, wer wir wirklich sein wollen, wer wir wirklich sind. Wir treiben auf
unser Ich zu. Unsere Reise wird uns hinführen. Wir genießen die neue Leichtigkeit, unsere Schwerelosigkeit.
Wir befinden uns auf einem offenen Weg, einem klaren, leuchtenden Weg.

Unsere vielen Ichs

Wenn wir sterben und zum Himmel auffahren, dann wird unser Schöpfer uns nicht fragen, warum wir denn nicht ein Heilmittel gegen dies oder jenes entdeckt hätten. Das einzige, was man uns in jenem kostbaren Augenblick fragen wird, ist: Warum bist du nicht du selbst geworden?

ELIE WIESEL

Reisen gibt uns die Möglichkeit, uns im Fluß der Bewegung, in dem Bemühen, alles unterwegs Gesehene zu verstehen, selbst neu zu definieren. Indem wir wie eine Feder von Mensch zu Mensch schweben, von Ort zu Ort, durch sich immerfort wandelnde Landschaften, gewinnen wir die Freiheit, uns selbst neu zu erdenken, neu zu entdecken, unsere vielen unbekannten Facetten zu erkunden.

Reisen deckt Charakterzüge auf, die wir lange verborgen hielten, vielleicht sogar längst vergessen hatten. Mut. Ausdauer. Humor. Entschlossenheit. Anteilnahme. Die Fähigkeit, zu lieben.

Wir denken an das Beste, das Reisen in uns zum Vorschein bringt. Jene anderen Seiten, die wir gerne kennenlernen, gerne wiederentdecken möchten.

Schicht um Schicht enthüllen, erforschen und entdecken wir uns. Wir erfahren – möglicherweise zum erstenmal – uns selbst, unser wahres Ich.

Der Intuition vertrauen

Man sieht nur mit dem Herzen gut. Das Wesentliche ist
für die Augen unsichtbar.

ANTOINE DE SAINT-EXUPÉRY

Wir befragen unser instinktives Ich. Wir machen
uns wieder vertraut mit den *Gefühlen*, die wir
Menschen und Orten gegenüber haben. Jene leise
Stimme in unserem Inneren, die jedem Menschen zu-
eigen ist, sagt uns alles, was wir wissen müssen.

Wir erfahren das Leben in unserem Bauch, in unserem Herzen. Reisen zwingt uns, unserer inneren
Stimme, unserem Gespür Vertrauen zu schenken. Wem
dürfen wir trauen? Wohin sollen wir fahren? Wie kommen wir hin?

Wir lernen wieder, unserem intuitiven Ich zu vertrauen. Wir lernen wieder, unseren Gefühlen zu trauen.
Unseren Reaktionen zu trauen. Wie ein Kind, das sich
aufmacht, die Welt zu erkunden, voller Vertrauen in andere und in sich selbst.

Begebenheit. Reflex. Reaktion. Begebenheit. Reflex. Reaktion. Begebenheit. Reflex. Reaktion. Vertrauen.

Wir stellen wieder eine Beziehung her zwischen uns und der Welt, zwischen uns und unserem eigentlichen Ich. Die Verbindung zu dem Menschen, der wir von Natur aus sind. Instinktiv. Unbewußt. Immanent. Je mehr wir reisen, desto mehr vertrauen wir. Wir vertrauen unserer Gabe. Dem Geschenk unserer Reisen. Der Gabe in unserem Inneren.

Kreativität

Ein Gemälde ist niemals vollendet – es bleibt einfach an
einer interessanten Stelle stehen.

PAUL GARDNER

Unsere Reisen sind eine bewegliche Manifestation
unseres eigentlichen Ich. Ein phantasievoller, ganz
eigener Ausdruck unseres in Bewegung befindlichen
Selbst. Eine Demonstration unserer künstlerischen,
ehrgeizigen, originellen Vision.

Beflügelt von neuen Perspektiven und einer Welt voller Möglichkeiten, erweitern wir unsere Kreativität, beginnen ihr Potential zu begreifen. Mit einemmal sehen
wir Dinge, die wir vorher nie gesehen haben, denken
uns Dinge aus, wo wir vorher nie auf die Idee gekommen
wären. Einfälle, Geistesblitze, unvermittelte Augenblicke echter Inspiration. Wir setzen einen Fuß in das
Reich dessen, was sein könnte.

Wir leben die ganze verschwenderische Palette unserer Kreativität, ihre kühnen Kompositionen, ihre satte,
überreiche Struktur. Eine Wanderausstellung unserer
Lebensziele. Reisen als Kunst. Unser Leben als Kunst-
werk.

Reisen reinigt

Was, glaubst du, wird der Seele Erfüllung geben,
wenn nicht der freie Schritt?

WALT WHITMAN

Wie ein Bildhauer schlägt Reisen das umgebende Gestein ab, um unser eigentliches Wesen zu offenbaren. Mit jedem Schlag, mit jedem Brocken, der fällt, wird Überflüssiges entfernt. Reisen meißelt unsere wahre Natur frei.

Begegnungen und Entscheidungen, die wir treffen. Wir agieren und reagieren. Wir interagieren. Mit jeder Meile, mit jedem Schritt bringt Reisen uns näher ans Licht. Reisen reinigt unseren Charakter. Reisen prägt unserer Seele Wahrheit ein. Reisen macht uns rein. Reisen macht uns echt. Reisen macht uns ganz.

Wir feiern

Ich denke oft, daß der beste Weg, den Charakter eines
Menschen zu bestimmen, darin besteht, diejenige
geistige oder moralische Haltung herauszufinden, die
ihm, wenn sie sich seiner bemächtigt, die tiefste und
innigste Befriedigung verschafft und ihn sich besonders
lebendig fühlen läßt. In solchen Augenblicken nämlich
spricht eine innere Stimme, die sagt: »Dies ist
mein wahres Ich.«

WILLIAM JAMES

Reisen sagt uns, wer wir sind. Frei von den Zwängen des Alltags, wird unser Innerstes bloßgelegt.
Wir sind offen und bereit.

Bereit für die Flucht. Bereit für die Freiheit. Bereit für
die Welt. Bereit für uns selbst. Bereit für unsere Wünsche. Bereit, unsere wahren, tiefsten Bedürfnisse zu erkennen und anzuerkennen. Bereit für unsere Stimme,
unsere innere Stimme, die danach schreit, gehört zu
werden, die lauthals schreit, sich Gehör zu verschaffen.

Bereit für unsere Kreativität. Bereit für unsere Kraft.
Bereit, in den Offenbarungen unserer Reisen zu
schwelgen, in den Offenbarungen unserer Kraft, der
Kraft des Reisens. Bereit für die Magie des Reisens. Wir
applaudieren unserem Selbst, spenden unserem Innersten Beifall.

Welcher Teil unseres Selbst ruft uns? Wir horchen
genau hin, lauschen unserer inneren Stimme, unserem
Innersten. Und dann feiern wir.

Die eigenen Stärken entdecken

Wenn die Dinge, an die wir glauben, nicht
mit den Dingen übereinstimmen, die wir tun,
kann ~~~~~~~~~~~~~~~~

FREYA STARK

Von allen unerwünschten Ichs, von unseren Ängsten und Hemmungen befreit, kann, mit Unterstützung der Stärke und Fülle, die uns umgibt, das Allerbeste in uns nach oben gelangen. Wann hat Reisen
uns das Beste vom Guten in uns gezeigt, die wahre,
wahrhaftige Essenz dessen, was wir sind und was wir zu
sein anstreben? Wann haben wir unsere ureigenen Stärken entdeckt?

Wir erhaschen den einen oder anderen Blick auf unsere wahre Identität. Wir entwickeln uns. Wir entfalten
uns, nehmen Gestalt an, gewinnen Präsenz. Ein volleres
Ich entsteht. Ein heitereres Ich. Ein reicheres, tieferes,
geschlosseneres Bild unseres Selbst. Unbeschwert. Sorg-
los. Wahrhaftiger. Frei. Wir sind unser reinstes Selbst.
Unser allerbestes Selbst. Freiheit in ihrer reinsten und
allerbesten Form.

Die Kraft der Verwandlung

Jegliches Wachstum ist ein Sprung ins Dunkel, ein spontaner, unüberlegter Akt, ohne die Sicherheit der Erfahrung.

HENRY MILLER

Ob wir für einen Tag verreisen, für eine Woche oder ein Jahr – immer verschafft uns Reisen die Möglichkeit, uns selbst grundlegend zu wandeln. Reisen besitzt das Potential, uns in entscheidenden Schritten zu ändern, im großen wie im kleinen. Wir sind in der Lage, das Leben aus anderen Blickwinkeln zu sehen, ungezwungen, offen und frei.

Wir erkennen, wie Reisen uns verwandelt hat. Wir werden Zeuge der Verwandlung anderer.

Wenn wir wegfahren, plagen uns Neugier, Zweifel und Furcht. Wenn wir zurückkehren, besitzen wir Kühnheit, Mut und Weisheit. Reisen gibt Kraft, läßt uns wachsen. Reisen gibt uns Gelegenheit, uns zu verjüngen, neue Kräfte zu sammeln, wieder zu uns selbst zu finden. Bei unserer Heimkehr sind wir größer, reicher, vollständiger, sind wir wieder unser besseres Selbst.

Heilung

Doch wenn du nur weit genug reist, wirst du dir eines Tages selbst begegnen. Und dann wirst du *ja* sagen.

MARION WOODMAN

Wir spüren die heilsame Wirkung der Bewegung. Sie besitzt therapeutische Kräfte. Sie bewahrt uns vor Stagnation und Langeweile. Wir sind frei, geheilt zu werden, frei, aufzuwachen.

Reisen ist Therapie in ihrer reinsten und direktesten Form. Kein Ersatzstoff. Es ist das, was wir tun wollen, und wir tun es auch. Es heißt dort sein, wo wir sein möchten, in Bewegung. Eine Synthese.

Wenn wir in Bewegung sind, sehen wir die Dinge aus einem anderen Blickwinkel, wir bekommen ein Gefühl für uns selbst, ein Gefühl dafür, wo wir in dieser Welt stehen. Die Reise ist faszinierend und kraftvoll. Die Reise ist unsere Therapie. Reisen bedeutet Heilung.

Reisen bedeutet Freiheit, Entdeckung. Bedeutet Begegnungen, Freuden, Herausforderungen. Reisen bedeutet Einsichten. Wachstum. Gleichgewicht. Und Ausgewogenheit. Reisen ist unser Weg zum Selbst.

AUSBLICKE

Heimreise

Ich fühle den Drang, mich auf Wanderschaft zu begeben,
und ich fühle den Drang, zurückzukehren – einen Instinkt,
heimzufinden wie ein Zugvogel.

BRUCE CHATWIN

Wir fahren zurück nach Hause. Wir fühlen, wie sich die Zeit immer mehr verdichtet, spüren die Zugkraft, weg von Orten, die Gegenwart sind, zurück an einen Ort, der Vergangenheit war. Weg von Orten, die unsere Gedanken beherrschten, unsere Erfahrungen prägten.

Wir begegnen Menschen, die sich gerade erst auf den Weg gemacht haben. Wir erzählen ihnen unsere Geschichten, übermitteln ihnen etwas von unserer Weisheit. Wir stehen unmittelbar vor der Abschlußprüfung. Wir haben unseren größten Wissensstand erreicht. Wir gehören zu denen, die bald Geschichte sind.

Still denken wir zurück an unsere Reisen, lassen sie Revue passieren, brennen jedes Detail, jede winzige Einzelheit in die Unvergänglichkeit unseres Selbst. Wir halten unsere Fahrten in Ehren, unsere Expeditionen und Ausflüge, unsere Reisen. Wir genießen das Gefühl, etwas erreicht zu haben, Stärke und Erfüllung gefunden zu haben. Magie gefunden zu haben. Wir sind dankbar für unsere Freuden, unsere Entdeckungen, unsere Wiederentdeckungen. Wir freuen uns an den gewonnenen Einsichten, Inspirationen. An unserem Glück.

Ankunft

In einem Walde gabelte sich der Weg, und ich,
ich wählte den weniger begangenen;
das hat mein weiteres Leben bestimmt.

ROBERT FROST

Das Bekannte ruft. Wenn wir durchs Fenster blik-
ken, sehen wir das Vertraute; es winkt uns zu,
lenkt unsere Blicke auf sich.

Noch zögern wir. Sind achtsam. Und nervös. Vor-
sichtig. Aber wir empfinden auch Vorfreude. Jene selt-
same Vielfalt von Gefühlen, die eine Ankunft begleiten.
Was geht uns in den letzten Minuten vor der Ankunft
durch den Kopf? Welche Mischung aus Empfindungen
erfüllt uns?

Und dann sind wir da. Hier. Wieder zurück. Daheim.
Wir freuen uns über unsere Ankunft. Wir nähern uns
dem Vertrauten. Wir umarmen unsere Familie, unsere
Freunde, unser Selbst. Wir sind angekommen.

Eine neue Perspektive

Wir dürfen nie aufhören zu erkunden,
denn am Ende aller Erkundungen
kommen wir wieder dort an, von wo wir ausgezogen sind.
Und zum erstenmal erkennen wir diesen Ort.

T. S. ELIOT

Wir sind zurück. Wieder da. Wieder in der alten Wirklichkeit. Einer neuen Wirklichkeit. Einer anderen Wirklichkeit. Anders als die, die wir damals zurückließen.

So vieles scheint verändert. Menschen, Orte, die Gesprächsthemen bei Tisch. Anders als in unserer Erinnerung. Wir sehen die Dinge mit neuen Augen, mit den Augen des Reisenden. Wir bemerken Dinge, die wir früher übersahen. Wir sprechen mit Leuten, die wir früher ignorierten. Wir besuchen Orte, die wir früher vernachlässigten. Wir lauschen Standpunkten, die wir früher einfach abgetan hätten.

Wir reagieren sensibler auf unsere Umgebung. Einfühlsamer. Wir fühlen uns lebendig. Und zu Hause. Ein neuer Ort, eine neue Straße. Wir kehren nicht in unsere alten Gewohnheiten, nicht zu unseren alten Unsitten zurück. Wir baden im goldenen Licht unserer Reisen.

Andere teilhaben lassen

Lange Reisen, große Lügen.
ITALIENISCHES SPRICHWORT

Wir möchten alles teilen, alles mitteilen. Anderen mitteilen. Alles mit anderen teilen. Mit denen, die nicht gesehen haben, was wir sahen, die nicht hören konnten, was wir hörten, nicht rochen, was uns in die Nase stieg. Mit denen, die nicht schmeckten, was wir kosteten, nicht fühlten, was wir empfanden, nicht berührt haben, was wir berührten.

Mit jenen, die nicht verstehen, was wir verstehen lernten, die nicht die Menschen kennen, die wir kennenlernen durften, die unsere Träume nicht teilen. Unsere neuen Träume, unsere neue Wirklichkeit, unsere einzigartige Reise.

Wir wollen andere teilhaben lassen. Wir unterhalten sie mit Geschichten, berichten von Abenteuern, zeigen Dias, Fotos und Videos. Führen sie anderen vor. Und uns selbst. Immer und immer wieder. Um unsere Erlebnisse noch einmal zu durchleben, noch einmal auszukosten.

Wer wird unsere Erlebnisse am besten verstehen? Mit welchem unserer zahllosen Abenteuer und Geschichten, mit welcher unserer neu gewonnenen Einsichten werden sie am meisten anfangen können?

Wir wollen es allen mitteilen, lauthals hinausposaunen, damit es all unsere Freunde, Kollegen und Verwandten hören: »Reist, reist, reist!«

Gespaltenheit

Beim Reisen geht es nicht darum, Fuß auf fremdes Land zu setzen; es geht vielmehr darum, Fuß auf bekanntes Land zu setzen, als sei es fremdes, als sei es Neuland.

G. K. CHESTERTON

Wir nehmen Abschied von den Erfahrungen, erfahren einen Dualismus der Wege, eine Abweichung der Empfindungen. Wir klammern uns an exotische Ideen. Wir bevorzugen romantische Vorstellungen. Wir kommen uns und anderen merkwürdig vor. Seltsam. Unkonventionell. Wir fühlen uns zerrissen. Gespalten. Unsere Wirklichkeit erscheint eigentümlich, kurios, absurd.

Und doch findet unsere neue Wirklichkeit Verständnis und Akzeptanz, weil sie Teil von uns ist, wesentlicher Teil unserer Reise, unserer Phantasie, unserer Träume. Aus Achtung vor den Orten, die wir besucht haben, vor den Menschen, denen wir begegnet sind. Hochachtung vor dem, was wir erlebt haben. Bis jetzt erlebt haben.

Die Wunder der Heimat

Entwickle Interesse am Leben, wie es sich dir darbietet,
an Menschen, Dingen, Literatur, Musik. Die Welt ist so
reich, fließt förmlich über von kostbaren Schätzen,
schönen Seelen und interessanten Menschen.
Vergiß dich selbst.

HENRY MILLER

Wir lassen den Geist unserer Reisen in unseren Alltag einfließen. Wir integrieren unsere Reisen in unsere Erfahrungen, unsere Einstellungen.

Wir erforschen das Zuhause. Wir entdecken die Großartigkeit des Alltäglichen, die Größe der einfachen Dinge. Ein Spaziergang. Ein Gespräch. Eine Busfahrt in die Stadt. Wir schreiben uns an der Volkshochschule ein. Wir lernen eine neue Sprache, ein neues Rezept. Wir schauen uns ein Theaterstück an, lesen ein neues Buch. Wir unterhalten uns mit unseren Nachbarn, mit unserem Gemüsehändler. Wir genießen ein mittägliches Konzert im Stadtpark.

Wir freuen uns am Daheim. Ein bequemes Sofa, auf dem wir einnicken können. Eine Küche, in der wir eine köstliche Mahlzeit für Freunde zubereiten können, irgendeine Spezialität, die wir unterwegs kennengelernt haben. Ein Garten, in dem wir unsere Blumen pflegen. Eine Stammkneipe, wo uns jeder kennt.

Wir treten hinaus in die Welt, die uns tagtäglich umgibt, und betrachten sie mit neuem Staunen. Wir vergleichen. Wir entdecken Ähnlichkeiten, finden Unterschiede. Eine Goldmine, die nur darauf wartet, daß wir auf ihre Schätze stoßen.

Vom Reisen zehren

Wie alle großen Reisenden habe ich mehr Dinge
gesehen, als ich in Erinnerung habe, und erinnere mich
an mehr, als ich gesehen habe.

BENJAMIN DISRAELI

Wir bewahren unseren Reisen einen Platz in unserem Innersten. Immer wieder lassen wir sie
Revue passieren. Immer wieder spielen wir sie vor unserem geistigen Auge ab. Immer wieder blättern wir in
unseren Tagebüchern, lesen unsere Reisenotizen. Wir
träumen mit offenen Augen von dem, was war. Und
was wieder sein wird.

In Gedanken sind wir wieder in jenem Bus, jenem
Flugzeug, jenem schwankenden Einbaum. Wir stellen
uns vor, wir sind dort. Wieder dort. An jener windgepeitschten Küste in Oregon. In jener Eisdiele in Rom.
Auf jenem Kamelrücken in der nordindischen Garnisonsstadt Jaisalmer.

Wir bewahren die Einzigartigkeit unserer Reisen.
Wir ergehen uns in den Wonnen der Bewegung, dem
Rausch und den Abenteuern unserer Reisen. Reisen
hallt in unserer Seele wider. Wir zehren von unseren
Reisen.

Erfahrungen fürs Leben

Wer einmal gereist ist, für den endet die Reise nie;
vielmehr spielt sie sich immer und immer wieder aufs
neue ab ... der Geist kann sich nie von der Reise lösen.

PAT CONROY

Reisen bewahrt unsere Wünsche, unsere Sehnsüchte, unsere Unternehmungen. Reisen versetzt
uns in die Lage, die Welt zu besitzen. Unsere Schritte,
unser Weg, die Richtung, die wir einschlagen – alles ist
unser. Unsere Leidenschaft ist unser. Wir ergreifen unsere Träume und halten die Zeit in unserem Herzen
fest.

Am Prüfstein des Lebens gemessen, ist jeder Augenblick des Reisens heilig, ewig. Gut oder schlecht, jeder
Tag wird gewürdigt, erinnert, hochgehalten. Die Orte,
die wir besucht, die Menschen, die wir kennengelernt
haben – sie sind Teil unserer Seele, für immer mit unserem Dasein verwoben. Die Lektionen des Reisens geleiten uns durchs Leben, ständig und auf alle Zeit. Wir
freuen uns unserer Kühnheit, unseres Muts, unserer
Reisen.

Erleuchtung

Die Erlebnisse in unserem Leben geschehen in einer
zeitlichen Abfolge, doch in ihrer Bedeutung für uns
finden sie eine eigene Reihenfolge ... bilden sie eine
kontinuierliche Kette auf dem Weg zur Erleuchtung.

EUDORA WELTY

Wir haben so vieles gesehen. Wir haben so vieles
erlebt. Wir haben Dinge erfahren und gefühlt,
die die meisten Menschen niemals kennengelernt haben. Niemals kennenlernen werden. Wir haben er-
forscht und entdeckt, uns vorgewagt und geliebt. Wir
haben geschenkt und genossen, gegeben und genommen. Wir haben unseren Geist bereichert und unser
Herz erleuchtet.

Die Wahrheiten unserer Erfahrung jedoch sind tief in
unserem Innersten verborgen, dringen nur in seltenen,
flüchtigen Augenblicken des Verstehens und der Klarheit an die Oberfläche. Kostbare Sekunden, die Licht
auf den Weg des Reisenden werfen. Glänzende, hell-
leuchtende Kometen, die Augenblicke der Einsicht und
Erleuchtung schenken. Von fernen Welten und tief aus
unserem Inneren.

MIT FRISCHER
KRAFT

Leidenschaft schüren

Will man eine Lampe am Brennen halten, muß man
regelmäßig Öl nachgießen.

MUTTER TERESA

Wir nähren unser Reisefeuer. Wir lesen von Orten, die wir besucht haben, und von Plätzen,
die noch vor uns liegen. Wir schlagen den Reiseteil der
Tageszeitung auf und surfen durch die Travelsites im
Internet. Wir treffen uns zum Kaffee mit Freunden,
tauschen uns und tauschen Erinnerungen aus.

Wir verbringen ein paar Minuten auf einem Bahn-
hof, einem Flughafen, und sehnen uns nach dem, was
am anderen Ende liegt. Wir stoßen auf einen Reisenden
und bieten ihm Hilfe an. Wohin möchten Sie? Können
wir Sie hinbringen? Wir haben Verständnis. Uns ist es
genauso ergangen.

Unser Weg führt an einem Reisebüro vorbei. Wir
bleiben stehen. Schauen ins Schaufenster. Und durch
die Tür.

Wir machen kleinere Reisen. Und planen unsere
nächste große. Wir zügeln unsere Sehnsucht und Unge-
duld. Aber wir hegen und pflegen unsere Reiseträume.

Von Abschied zu Abschied

Zwei Dinge sollten wir unseren Kindern mitzugeben
versuchen. Das eine sind Wurzeln, das andere Flügel.

HODDING CARTER

R eisen macht süchtig. Auf magische Weise wun-
derbar süchtig. An einem Ort zu sein ohne Aussicht, irgendwohin zu fahren, ohne Aussicht zu reisen
macht uns angst, schnürt uns die Kehle zu. Wir haben
das Gefühl, eingesperrt zu sein, zu ersticken. Wir müssen fort. Müssen reisen.

Und wir reisen. Immer wieder.

Das Reisen ruft. Es ist so lange her, daß wir fort waren. Eine innere Stimme flüstert uns zu, daß wir fort
müssen. Und wir reisen. Immer wieder.

Das Reisen ruft. Wir sind von Bewegung erfüllt. Wir
stellen eine Liste auf mit Orten, die wir kennenlernen
wollen. Wohin? Wir wissen es noch nicht. Überallhin.
Irgendwohin.

Wir fahren. Wir fahren fort und kehren heim. Wegfahren und heimkommen, ein ewiger Kreislauf, der uns
von zu Hause wegführt, in die Ferne, und dann wieder
zurück. Und dasselbe wieder. Und wieder.

Wir lernen zwischen dem verwurzelten Teil unseres Ich und dem vagabundierenden zu unterscheiden. Wir würdigen beide. Wir kümmern uns um den verwurzelten Teil unseres Selbst und um den vagabundierenden. Wir schenken dem Zuhause Aufmerksamkeit und der Ferne. Wir versuchen, ein ausgewogenes Gleichgewicht zu finden. Wir dürfen ja wieder reisen. Immer wieder.

Immer wieder Neuland

Jeder Ausgang ist der Eingang zu etwas anderem.

TOM STOPPARD

Jede Reise eröffnet neue Perspektiven. Orte verändern sich. Menschen verändern sich. Wir verändern uns. Unterschiedliche Orte zu unterschiedlichen Zeiten unseres Lebens. Andere Umstände. Andere Situationen. Andere Gefühle. Jede Reise, jeder Ausflug, jedes neue Unterfangen läßt uns wachsen. Jedes neue Kapitel in unserem Buch des Reisens.

Was wir einst als nebensächlich abtaten, gewinnt nun Bedeutung und Faszination. Was einst wichtig erschien, interessiert uns nun nicht mehr. Vorlieben und Abneigungen treten deutlicher hervor. Nachsichtigkeit wächst ebenso wie Intoleranz. Wir empfinden intensiver – Freude und Staunen, aber auch Befremden und Schmerz.

Reisen verkörpert unsere wechselnden Leidenschaften, den Wandel, den wir über Tage, Wochen, Jahre hinweg erfahren. Unser ganzes Leben lang.

Kein Ende in Sicht

Eine wirkliche Reise, ganz gleich wie lange sie dauert,
hat nie ein Ende.

WILLIAM LEAST HEAT MOON

Unsere Reisen gehen weiter. In unserem Kopf, in unserer Seele. In unserem Herzen.

Urlaubsreisen und Ferienreisen. Ausflüge und Spritztouren. Rundreisen und Gesellschaftsreisen. Exkursionen und Expeditionen. Bedeutsame, niemals endende Episoden in unserem Leben. Pulsierend, packend, dynamisch. Motivierend, mitreißend, mutmachend. Heilsam und lehrreich. Anregend und entspannend. Konzentrationsfördernd. Den Weg zur eigenen Mitte weisend. Quellen der Inspiration auf der Suche nach unserem besseren Selbst. Reisen ist ewig. Ständiger Neubeginn. Wandel ohne Ende.

Gute Reise!

Die Welt ist ein Buch. Und wer nicht reist, sieht nur eine Seite davon.

AUGUSTINUS

Reisen und sehen. Reisen und schauen. Reisen und beobachten. Reisen und miterleben. Reisen und suchen. Reisen und erforschen. Reisen und zuhören. Reisen und entdecken. Reisen und wiederentdecken. Reisen und Fragen stellen. Reisen und Antworten finden. Reisen und vergleichen. Reisen und lernen. Reisen und neu überdenken. Reisen und verstehen. Reisen und wachsen. Reisen und erschaffen. Reisen und offen sein. Reisen und huldigen.

Reisen und Spaß haben. Reisen und begegnen. Reisen und essen. Reisen und plaudern. Reisen und teilen. Reisen und mitteilen. Reisen und singen. Reisen und bereichern. Reisen und geben. Reisen und offenbaren. Reisen und Offenbarungen finden. Reisen und Freunde gewinnen. Reisen und lieben. Reisen und willkommen heißen. Reisen und willkommen finden. Reisen und respektieren. Reisen und schätzen. Reisen und sich freuen. Reisen und Abenteuer erleben.

Reisen und loslassen. Reisen und empfangen. Reisen und herausfordern. Reisen und Risiken eingehen. Reisen und durchreisen. Reisen und erfahren. Reisen und absorbieren. Reisen und greifen. Reisen und begreifen. Reisen und wählen. Reisen und handeln. Reisen und wachsen. Reisen und heilen. Reisen und frei sein. Reisen und besitzen. Reisen und leben. Reisen und sich verwandeln. Reisen und reinigen. Reisen und heimkehren. Reisen und fortbleiben. Reisen und davon zehren. Reisen und sich entwickeln. Reisen und sein. Reisen und sich emporschwingen.

Reisen Sie. Reisen Sie jetzt. Reisen Sie immer wieder. Reisen Sie und huldigen Sie dem Leben.

Gute Reise!

Dank an meine Wegbegleiter

Zu diesem Buch haben viele Menschen beigetragen, die, jeder auf seine Art, meinen Weg begleitet und mir Kraft, Licht und Erleuchtung geschenkt haben. Ich stehe tief in der Schuld von:

Thelma und Joel Zikman, die mich auf die Reise geschickt haben und an allen Weggabelungen und Kreuzungen für mich da waren;

Lisa Carnio, Annette Du Toit, Mark Haslam, Laurie Kinerk, Jeremy und Gayle Pope, Ward Prystay und Linda Weech, die mit mir gereist sind;

Susan Zikman und Janice Gritti, die mein Leben mit ständigem Lachen und Liebe bereichern;

Barbara Freeman, die mit unermüdlichem Enthusiasmus die Grenzen zwischen Familie und Freundschaft erkundet;

Marcus Brewster, Leigh Flayton, Andrew London, Nancy Mills, Pattie O'Leary und Susan Rogers, die mit hilfreichen Tips und Anregungen nicht geizten;

Rob Fung, dessen unerschöpflicher Glaube und nie nachlassende Nächstenliebe mir immer Unterstützung gewährten;

Lea Freeman, die meine Reiselust von Anfang an unterstützte und mir unschätzbare Weisheiten mit auf den Weg gab;

Shirlee und Hymie Fleischer, Patricia Hands, Theresa Lewis und Nomi Morris, bei denen ich mich auch weit weg von zu Hause immer wie daheim fühlte;

meinen Kollegen bei Goodman and Carr, die mir ihre Reiseträume anvertrauten;

Jack Canfield und Kim Kirberger, deren Visionen unbegrenzt sind;

Karen Bouris und Marc Labinger, die mir die Richtung zum Horizont wiesen;

Susan Schulman, die mir in der leeren Weite des Neulands ein wunderbarer Kompaß war;

David Groff, dessen intuitives Einfühlungsvermögen und Orientierungssinn ihresgleichen suchen;

Joel Fotinos, der mir zeigte, daß der Himmel keine Grenzen hat.

Ein ganz besonderer Dankesgruß geht an Kapstadt, das die Schönheit der Welt verkörpert und mir dazu verhalf, mich selbst zu finden, als ich es am dringendsten brauchte.

Besuchen Sie die Homepage des Autors unter:

www.poweroftravel.com
sowie unter
www.goscape.com

oder kontaktieren Sie ihn selbst:

info@poweroftravel.com

bzw.

The Power of Travel
P. O. Box 69 774
Los Angeles, Ca. 90 069
USA

Sergio Bambaren
Das weiße Segel
Wohin der Wind des Glücks dich trägt.
192 Seiten. Mit 10 farbigen
Illustrationen von Heinke Both. Geb. Aus dem
Englischen von Barbara Röhl.

Nach »Der träumende Delphin«, der die
Menschen auf der ganzen Welt begeistert hat,
macht auch Sergio Bambarens neues Buch Mut,
sich seine Träume zu erfüllen:
Wie Kate und Michael, deren Leben in der
Sackgasse zu stecken scheint – bis sie bereit sind,
sich auf ein echtes Abenteuer einzulassen, und
von Neuseeland zur großen Reise ins Ungewisse
aufbrechen. Mit ihrem Segelschiff *Distant Winds*
entdecken sie die zauberhafte Welt des
Südpazifiks und lernen so magische Orte wie die
Fidschiinseln und Tonga kennen.
Doch die kostbarste Erfahrung, die die beiden
unterwegs machen, führt sie an ein Ziel zurück,
das schon fast verloren war: zu sich selbst und
ihrer Liebe füreinander.

KABEL

Sergio Bambaren
Der träumende Delphin
**Eine magische Reise zu dir selbst. 96 Seiten.
Mit 10 farbigen Illustrationen
von Heinke Both. Geb. Aus dem
Englischen von Sabine Schwenk.**

»Der träumende Delphin« ist eine wunderbare
Geschichte über unseren Mut, unsere Ängste und
unsere persönlichen Grenzen. Dieses Buch erinnert
uns daran, daß es mehr im Leben gibt, als man auf
den ersten Blick wahrnimmt: Dinge, die wir nur
entdecken können, wenn wir sowohl unseren eigenen
Prinzipien als auch unseren Herzen folgen. Es ist
eine Geschichte voller Hoffnung, die ein Stück des
Zaubers dieser Welt enthüllt, der allzuoft in
Vergessenheit gerät. Folgen Sie Ihren Träumen,
hören Sie auf Ihre innere Stimme, und lassen Sie
sich von Daniel Alexander Delphin auf die
zauberhafteste Reise entführen, die es gibt: auf die
Suche nach der eigenen Bestimmung.

KABEL